儲かる！相場の教科書

移動平均線 究極の読み方・使い方

HOW TO MAKE MONEY WITH MOVING AVERAGE LINE

小次郎講師
KOJIRO KOUSHI

日本実業出版社

●はじめに

みなさん、初めまして。小次郎講師という名前で投資教育をしている手塚宏二です。

投資の必要性がどんどん高まり、投資は社会人にとって必要不可欠な時代になりました。政府が「貯蓄から投資へ」を標榜する時代です。

かつては幸せな時代がありました。終身雇用で給与は右肩上がり、退職金がしっかりともらえて、老後は年金が安心してもらえるという時代です。その幸せな時代に、あえてリスクを冒して投資をする必要などなかったのです。

しかし、時代は一変しました。

現在、それらのすべてが崩れ、なおかつ、寿命だけ延びるという時代になりました。かつて長生きすることは喜ばしいことだったのですが、あるときから「長生きリスク」なる言葉が誕生しました。長寿は現代においてはリスクでしかないのです。「○○歳までなら、なんとか生活していけそうだけど、それ以後はどう生活していいのかわからない」という人がたくさんいます。「老後破産」という言葉も生まれました。恐ろしい時代です。

その問題をクリアするのは投資力しかありません。

いま、投資は好むと好まざるとにかかわらず、すべての人が取り組まなければいけない必須科目となりました。投資によって資産を守り、投資によって資産を増やす、この技を身につけない限り、安心して人生を送れないのです。
　それにもかかわらず、日本には正しい投資教育の場が本当に少なく、投資家は迷える子羊状態です。投資をやりたくてもどうやっていいかわからない。そして勉強したくてもどこで何を勉強すればいいのかがわからない。残念ながら日本は投資教育の後進国です。本当は義務教育で投資を学ぶことが必要なのです。私は、その現状を少しでも改善し、日本の投資環境を少しでも良くしようと日々戦っています。

　小次郎講師というハンドルネームはどこから生まれたんですか、とよく質問されます。
　私は長く投資の世界に身を置き、投資のすばらしさ、投資の魅力を実感しながら、個人投資家が何も勉強しないまま投資の世界にやってきて失敗をするのも見てきました。
　ただ、失敗が悪いというわけではありません。投資に損得はつきものです。「残念ながら今回はうまくいかなかった」ということはどんなベテランでもあるのです。しかし、きちんと勉強さえしておけば陥る必要のない落とし穴に、多くの人がはまってしまうのは残念でなりません。そして、実はそういう人がほとんどなのです。
　そういう実情を見て、私はずっと思っていました。車の運転免許のように、投資を始めるのにも資格があればいいんじ

ゃないかと。まず資格をとって、それから投資を始める。そういう資格試験が誕生したら、私はその試験の予備校の講師がやりたいなと。そう思っていました。だからハンドルネームにまず「講師」と付けました。

では小次郎はどこからきたかというと、「宏二」という名前をもじったということがあります。そしてもうひとつは「佐々木小次郎」から取りました。

勉強しないまま投資の世界に飛び込む投資家のことを私は「無茶し」と呼んでいました。無茶し（≒むさし）を相手にするなら小次郎だろうということです。

投資は簡単ではありません。勉強しなければそううまくいくものではありません。しかし、正しく勉強すれば勝ちやすくすることはできます。そしてその勉強は決してむずかしいものではありません。

この本は投資初心者向けの本です（第5章の大循環MACDは中上級者にも役立ちます）。

「移動平均線大循環分析」などとたいそうな名前がついていますが、移動平均線を3本使うというだけの話です。移動平均線というのは、「チャート分析は移動平均線に始まって移動平均線に終わる」といわれるくらい有名なものです。その移動平均線を3本使うだけで、たやすく「エッジ（edge）」の発見ができます。

エッジとはなんでしょうか？　それは、確率的に有利な局面のことをいいます。相場の世界には絶対というものはない

のですが、「確率的に有利な局面に投資を続ければ、最終的に勝てる」というのが私の考え方です。

　投資を始めるとき、まず最初に読んでほしい本をつくりました。シンプルですが、再現性があり、投資で勝ち組になるためのいちばんの近道です。この本を通じてひとりでも多くの投資家が投資の魅力を知り、ほんものの投資力を身につけていただくことを期待しています。

　本書をできるだけわかりやすく書きました。しかし、投資の経験がまったくない人にとっては、とっつきにくい部分やわかりにくく感じる部分があるかもしれません。ぜひ3回お読みください。そうすればあなたの人生が変わることをお約束します。

　さあ、一緒に、真面目に真剣に正しく投資の勉強をしましょう。よろしくお願いします。

2018年1月
　　　　チャートマイスター　小次郎講師こと手塚宏二

移動平均線　究極の読み方・使い方 ● 目次

はじめに

第1章

「エッジのあるトレードをすること」が利益の源泉

1-1 トレードにおける「エッジ」とは何か？ …… 010
1-2 誰もが知っている「エッジ」について …… 015
1-3 なぜ移動平均線大循環分析なのか？ …… 020

第2章

もっと深く移動平均線について理解しよう

2-1 移動平均線はすべての分析手法の基本 …… 024
2-2 移動平均線の役割と計算方法 …… 026
2-3 移動平均線が意味すること …… 031
2-4 ゴールデンクロス・デッドクロスとは何か？ …… 033
2-5 ゴールデンクロス、デッドクロスの投資家心理 …… 035
2-6 移動平均線と相性がいい「グランビルの法則」…… 037
　COLUMN　テクニカル指標の「だまし」について …… 040
2-7 グランビルの法則（買いのサイン）を詳細に検証する …… 041
2-8 グランビルの法則（売りのサイン）を詳細に検証する …… 047
2-9 複数の移動平均線（短期線と中期線）を使う意味とは？ …… 052
2-10 複数の移動平均線（中期線と長期線）を使う意味とは？ …… 055

第3章

移動平均線大循環分析の仕組みと使い方

3-1 「移動平均線大循環分析」で相場のエッジが一目瞭然 …… 060

- 3-2　移動平均線大循環分析の仕組み──6つのステージがある …… 063
- 3-3　移動平均線大循環分析とゴールデンクロス、デッドクロス …… 068
- 3-4　移動平均線大循環分析の最も基本的な使い方 …… 071
- 3-5　短いトレンドも取りにいく早仕掛けと試し玉 …… 074
- 3-6　第1ステージでの対応法 …… 076
- 3-7　第2ステージでの対応法 …… 079
- 3-8　第3ステージでの対応法 …… 081
- 3-9　第4ステージでの対応法 …… 083
- 3-10　第5ステージでの対応法 …… 085
- 3-11　第6ステージでの対応法 …… 087
- 3-12　押し目買いと戻り売りはどこでする？ …… 089
- 3-13　もみ合い放れを見極めるには？ …… 092
- 3-14　移動平均線の「間隔」でトレンドの継続性を読む …… 095
- 3-15　大きな相場の流れは「帯」で読みとる …… 099
- 3-16　移動平均線大循環分析のメリットと注意点 …… 103

第4章

実際のチャートで相場の状況を推理してみよう

- 4-1　実際のチャートで検証してみよう …… 108
- 4-2　例題1（日経225先物の日足チャート）…… 109
- 4-3　例題2（ドル円の日足チャート）…… 111
- 4-4　例題3（ドル円の4時間足チャート）…… 113
- 4-5　例題4（ドル円の1時間足チャート）…… 115
- 4-6　例題5（ドル円の5分足チャート）…… 117
- 4-7　例題6（NTTドコモの日足チャート）…… 119

第5章

大循環MACDをマスターしよう

- 5-1　MACDは移動平均線の進化系 …… 122
- 5-2　MACDに使用する移動平均線＝EMAとは何か？ …… 125

- 5-3 単純移動平均線＝SMA の問題点 …… 127
- 5-4 EMA はより直近の数字を重視した移動平均線 …… 131
- 5-5 MACD とシグナル …… 133
- 5-6 ヒストグラムを加えてトータルでの MACD が完成する …… 135
- 5-7 大循環 MACD は 4 つの要素で成り立っている …… 139
- 5-8 移動平均線大循環分析と大循環 MACD の関係 …… 142
- 5-9 大循環 MACD で判断する「買い」のタイミング …… 144
- 5-10 大循環 MACD で判断する「売り」のタイミング …… 147
- 5-11 手仕舞い（利食い、損切り）について …… 150

第 6 章
資金管理とリスク管理

- 6-1 破産しないポジションを持つことが大切 …… 154
- COLUMN タートルズについて …… 157
- 6-2 ユニットの考え方 …… 158
- 6-3 リスク分散の方法 …… 162
- 6-4 ロスカットをどうするか（その1）…… 165
- 6-5 ロスカットをどうするか（その2）…… 168

第 7 章
小次郎講師のトレード練習「プラクティス」

- 7-1 トレードには正しい上達の手順がある …… 172
- 7-2 プラクティスを実際に行なってみよう …… 175
- 7-3 プラクティスを行なうときに注意すべきポイント …… 177
- 7-4 「プラクティス 1000 本ノック」の進め方の実例 …… 179

イラストレーション／髙木一夫
装丁・DTP ／村上顕一

『移動平均線 究極の読み方・使い方』
読者限定2大特典

特典1 ● 無料プラクティス動画

　本書でも第7章で登場する小次郎講師のトレード練習「プラクティス」の方法について、ご購入いただいたみなさまに、書籍の内容に沿った特別な無料動画をご用意しております。

　ぜひ、以下のURLまたはQRコードにアクセスしてください。

http://kojirokousi.com/cp

特典2 ● LINE@特典 「小次郎講師の仕掛けの極意書」

第1章

「エッジのある
トレードをすること」が
利益の源泉

SECTION 1-1 トレードにおける「エッジ」とは何か？

　なぜ投資をするのでしょうか。この単純な問いに対する答えは、極めてシンプルです。

「資産を増やしたい」

　これがすべてであり、あらゆる投資家に共通する考えだと思います。
　そして、資産を増やすための投資を上手に行なうための方法論として、ファンダメンタルズ分析やテクニカル分析があります。ただ、個人トレーダーのレベルではファンダメンタルズ分析による投資でプロと勝負するのはなかなかむずかしい部分があります。そこでテクニカル分析による投資（＝トレード）の出番となるわけですが、そのテクニカル分析のなかの一つの分析指標として、本書で解説していく移動平均線があるわけです。
　テクニカル指標には移動平均線のほかにも、RSI、MACD、一目均衡表、ストキャスティクスなど多くのものがありますが、これらのうちどの方法が正しくて、どの方法が間違って

いるということはありません。いずれの手法にも一理はあります。

　また、いずれの手法を使うにしても、「チャートを使って相場の現状を分析する」という部分が共通点です。ここで勘違いしてほしくないのは、チャート分析というのは、将来を予想することよりも現状を分析するほうに重要性があるという点です。

　そして現状分析のなかで「エッジ（edge）がある状態」を探し出すことがチャート分析の基本なのです。

　トレードはエッジがあるところでやるというのが鉄則です。もう少し正確に言うならば、破産しない資金管理とリスク管理を行なったうえで、この鉄則を守っている限り、どのような指標を使ってトレードをしたとしても、勝てる確率が負ける確率を上回ります。

　エッジとは何でしょうか。一般的には「優位性」と訳されています。トレードにおける優位性とは、相場が絶えず動いているなかで、「明らかに買いが有利」あるいは「明らかに売りが有利」という局面です。

　相場というのは、価格が上がるか、下がるかのいずれかであり、その確率は五分五分です。なぜなら、買方と売方のバランスで現在の値段が決まっているからです。わかりやすく言うと、これから先上がると思う人と下がると思う人とが50％ずつだから、いまの値段になっているわけです。ですか

ら、「価格がどんなに高くても、価格がどんなに安くても、現時点から価格が上がるか、下がるかは五分五分」だということです。

たとえば、プロのファンドマネジャーが分析して、「1300円の価値がある」という銘柄があったとします。しかし、それが本当なら、いますぐにその会社の株は1300円近辺まで買われてしまうはずなのです。ですから、誰が何を言おうが、現時点の値段がその株の価格であり、これから上がるか下がるかは五分五分であるというのが原則なのです。

ところがその一方で、ある局面において、現状は明らかに買いが有利である、あるいは売りが有利であるということがあります。

先ほど、相場においては買方と売方のバランスで現在の値段が決まっている、と書きましたが、価格変動というのは買方と売方の綱引きのようなものです。

この綱引きは人数も体格も力も五分五分の2チームで行なわれていると考えてください。Aチームがぐいと引き、Bチームがぐいと引き返し、センターラインを中心に一進一退の戦いをしているのです。

しかし、綱引きを続けているなかでは、どこかでどちらかが体勢を崩す局面があります。一度体勢を崩すと、相手チームにするすると引きづられていきます。しかし、負けているほうも、またどこかで体勢を立て直します。こうして、本来の力は互角であるなかで、ときどきどちらかのチームが勝っ

たり負けたりするのです。どちらかが連勝あるいは連敗することもあれば、すぐに互角に戻るときもあります。それが相場における価格変動なのです。

買いにエッジがあるとは、相場のなかで買いが有利な状態、売りにエッジがあるとは、相場のなかで売りが有利な状態、すなわち「少しバランスが崩れた状態」だといえます。

ただし、ここでの買いが有利な状態あるいは売りが有利な状態というのは、「確率的に」そうだということに注意してください。買いにエッジがあるといっても、その後、必ず上がるわけではありませんし、売りにエッジがあるといっても、

第1章 「エッジのあるトレードをすること」が利益の源泉　013

その後、必ず下がるわけではありません。

　通常は五分五分のものが六分四分になるとか、七分三分になるということです。したがって、エッジがあると考えて仕掛けても、常に何割かは逆方向に動くことがあるということです。

　また、「確率的に」そうだということは、エッジのあるトレードを何百回、何千回と繰り返すと、トータルでは6割は勝てる、7割は勝てるということに収束する、すなわち大数の法則によるということを意味しています。

　大数の法則とは確率論の用語で、母数が多ければ多いほど正しい確率が反映されるという考え方です。

　たとえばサイコロを振って「1」の目が出る確率は6分の1ですが、だからといってサイコロを6回振れば必ず1回は1が出るというわけではありません。10回振っても20回振っても1回も1が出ない場合があります。しかし1000回振ったらどうでしょう。1の目は1000回のトータルでは6分の1近くの確率で出現するはずです。これが大数の法則です。

　したがって、エッジのあるトレードでも、回数が少なければ勝てるとは限りません。要するに、「エッジがあるところでトレードをしなければならない」ということは、「エッジのあるところでトレードを繰り返せば、トータルでは勝てる可能性が高い」ということです。

SECTION 1-2 誰もが知っている「エッジ」について

　そうしたエッジがある場面として一般的に知られているものには、以下のような局面があります。

　ちなみに、「一般的に知られている」ということが大切なポイントです。なぜなら、相場は多数決で決まるものだからです。したがって、自分だけが知っているような"秘密のエッジ"では、他の相場参加者が続いてくれないので、おそらく相場においてエッジとしては機能しません。

①移動平均線のエッジ

　移動平均線については第2章で詳しく解説しますが、これがトレードにおいてエッジとなる最大の理由は「相場におけるトレンドは継続する」という経験則があることによります。したがってトレンドの方向に沿ったポジションをとることがトレードで勝つためにいちばん大切になるのですが、そのトレンドがいちばんわかりやすいテクニカル指標が移動平均線なのです。

　移動平均線にはさまざまな活用法があり、第2章で解説するゴールデンクロスとデッドクロスなど、エッジとして考え

られる活用法にもさまざまなものがあります。本書で紹介する「移動平均線大循環分析」は移動平均線の持つさまざまなエッジとしての活用法を総合して判断する手法ですが、詳しくは第3章以降で解説していきます。

なお、移動平均線はテクニカル指標の一つであり、移動平均線以外にも、エッジとなることで知られているテクニカル指標はあります。それらについては、本書では詳述しませんので、興味がある人は他の参考書等で調べてみてください

②新高値・新安値更新のエッジ

テクニカル指標以外でも、エッジを見つけるのに使えるものはあります。たとえばダイレクトなプライスアクションである新高値・新安値更新がそれです。

新高値を更新したら、さらに上昇する。新安値を更新したら、さらに下降するという傾向が、相場においてはよく見られます。

たとえば高値を付けた後、押し目を形成した状況を想像してみてください。ある銘柄の株価が3000円で高値を付けた後、2500円まで下降して押し目を形成したとします。この銘柄を持っていたトレーダーは、「ああ、3000円で売れたのに、500円も損をしてしまった。こうなったら次に3000円まで値上がりしたら絶対に利益確定売りをするぞ」と思うはずです。

しかし、マーケットにはその人と同じような考えのトレーダーが無数にいます。そのため、3000円近辺には、売り指値が大量に溜まっていきます。

そういう局面で株価がなかなか3000円まで上昇してくれないとなると、おそらく多くのトレーダーは、「多少利益が減ってもいいから利益確定したい」と考えるようになり、指値の水準を引き下げてきます。すると、高値だった3000円から現在の株価のあいだに、たくさんの売り指値が並ぶことになります。当然、そうなったら株価はますます上昇しません。少し上がると売り注文が出るという状況を、繰り返すことになります。

　ここで、その銘柄の上昇力が本物で、いったん押し目を形成した後も、2950円、3000円と売り物を確実にこなして上昇してくると、3000円から上にはもうほとんどの売り物がなくなります。そして最高値を更新したとなれば、買いポジションを持っている人はますます強気になって、買い増しを考えることはあっても、売ることは考えず、しばらくはホールドしたままとなるでしょう。その結果、新高値の上ではほとんど抵抗なく、株価が上昇していくのです。

　新安値については、この逆の動きが考えられます。

　つまり、新高値や新安値を更新した銘柄の株価は、そこから先、大きく上昇したり下降したりしやすくなると考えられるのです。

③抵抗線・支持線のエッジ

　抵抗線（レジスタンスライン）と支持線（サポートライン）という言葉も、よく耳にすると思います。

　②で新高値や新安値に触れましたが、新高値や新安値とな

る前の高値や安値は抵抗線として機能することが多くあります。価格が上昇トレンドや下降トレンドを続けていると、ある価格でその上昇や下降を阻むかのような抵抗にぶつかることがあります。

　これはその銘柄のチャートを見ている相場参加者の多くの共通認識がつくられることによります。たとえば、ある銘柄の株価が下がっても、500円近辺では買いが入って下げ止まる、といったことが何度か続けば、「500円は当面の底値」という共通認識ができ、500円近辺では買いが優勢となります。ところが、そういう値動きを続けてきたものが、ある日、500円を割れたとなれば、底値だと思って買っていたトレーダーが売りに回ることが考えられるでしょう。

　また、1ドル＝110円のようにキリが良い数字は、オプション取引などのからんだ機関投資家同士の駆け引きによって抵抗線や支持線になりやすい傾向があります。

　このとき、売り方には、1ドル＝110円のラインを超えてドル高が進むようにはしたくないという心理が働き、買い方にはその逆の心理が働きます。そのため、110円をはさんで売り方と買い方の攻防が起こります。これも抵抗線や支持線ができる理由の一つです。

　ここで買い方に勢いがついて、1ドル＝110円の抵抗線を突破すると、先ほどの新高値や新安値と同様の相場心理が働き、その後の値動きに勢いがつきやすくなります。そして、「抵抗線はいったん破られると、支持線に変わる」あるいは「支持線がいったん破られると、抵抗線に変わる」というこ

とが起こったりします。

④ロスカットのエッジ

　支持線や抵抗線を抜けた場面というのは、ポジションを持っていたトレーダーたちのロスカットによるエッジが発生する場面であったりします。

　買った後、価格が下がったとしても、多くのトレーダーはある程度まで我慢するものです。逆に売った後、価格が上がったとしても、多くのトレーダーはある程度まで我慢するものです。

　しかし、ある一定の水準まで下がったり上がったりしてしまうと、それ以上、損失が膨らむことに我慢ができなくなったり、機械的にポジションを解消しなければならなくなったりして、投げ売りや踏み上げ（価格にこだわらず、ポジションを解消することを優先する売買）を始めるトレーダーがあらわれてきます。こうした動きによって価格が下がったり上がったりすると、それがさらなる投げ売りや踏み上げを呼ぶようになります。こういう場面も、買いあるいは売りにエッジがある局面といっていいでしょう。

SECTION 1-3 なぜ移動平均線大循環分析なのか？

　「はじめに」でも書いたように、本書では私が長年の研究と実践を通じて、わかりやすく、多くの人にとって使いやすい手法だと考えている「移動平均線大循環分析」を、トレードにおけるエッジとして紹介していきます。

　これは多くのテクニカル指標のベースとなっている「移動平均線」を使った究極の分析手法だといえます。

　第1章で解説するように、移動平均線にはさまざまな活用法があります。2本の移動平均線によるゴールデンクロス・デッドクロスもその一つですが、これはもみ合い相場になると突然、だましだらけになるという欠点があります。移動平均線大循環分析では、移動平均線を3本使うことにより、だましを減らすことができます。

　そして、これが最大のメリットなのですが、大相場（大きなトレンド）を確実に取ることができます。

　そして、非常にシンプルで誰にでもわかりやすい手法であるということもメリットです。たとえば、移動平均線大循環分析による買いと売りのどちらにエッジがあるかの判定も、次のように単純明快です。

- **買いにエッジがある状態**
  ①移動平均線の並び順が上から短期・中期・長期
  ②3本の移動平均線が右肩上がり

- **売りにエッジがある状態**
  ①移動平均線の並び順が下から短期・中期・長期
  ②3本の移動平均線が右肩下がり

　それぞれにたった2つだけの条件があり、この2つをクリアしたら買いにエッジがある、売りにエッジがあるとわかるのです。
　当然、買いにエッジがある状態のときに買いで仕掛け、売りにエッジがある状態のときに売りで仕掛けます。そして、これも大切なことなのですが、その他のときには何もしないのが基本です。非常にシンプルですが、これがトレードにおける勝利の方程式なのです。
　そのため、海外ではこの手法を「パーフェクトオーダー」と呼んでいます。オーダーする前提としてパーフェクトな条件であり、パーフェクトなチャンスであるという意味です。
　どうしてこの手法がそれほど高く評価されているのか、実際の相場において具体的にどのように使っていくのかについては、第3章で詳しく解説しますが、その前提として、そもそも移動平均線にはどのような効能があるのかについて、第2章でみていくことにしましょう。

第 2 章

もっと深く
移動平均線について
理解しよう

SECTION 2-1 移動平均線はすべての分析手法の基本

「チャート分析は移動平均線に始まり、移動平均線に終わる」「移動平均線を制する者がチャート分析を制する」といわれるように、移動平均線はテクニカル分析を行なうにあたり、基本中の基本と考えられています。

移動平均線は1920年ごろに米国で開発されたテクニカル指標です。ただ、同じ時期に日本でも「からみ足」という名で移動平均線があったともいわれ、同時期に開発されたという説とアメリカから伝わったという説とがあります。

一般に知れわたったのは1960年に米国のアナリスト、ジョゼフ・E・グランビルが移動平均線を極めた解説書『グランビルの法則』を出版してからです。ということで、トレード業界的には50年以上の歴史を持つ定番の指標といっていいと思います。

テクニカル分析には、移動平均線以外にもさまざまな分析指標があります。MACD、RSI、ボリンジャーバンド、一目均衡表、ストキャスティクス……など、トレーダーなら一度は耳にしたことのあるものから、ほとんど聞いたことのない

ようなものまで、その数は優に100を超えます。そして、それぞれの分析指標を使いこなす人たちがいて、自分が贔屓にしている分析指標の優れている点を主張します。

　情報は多いに越したことはありませんが、「MACDはここが優れている」「一目均衡表はあそこが素晴らしい」などという話をそれぞれ別々に聞かされていたら、結局、自分は何を選べば良いのか、判断がつかなくなってしまうでしょう。

　投資家のみなさんが知りたいのは、結局のところ何を使えば上手にトレードすることができるかです。言い換えれば、どの分析指標を使えば、相場が上がる・下がるの予測ができ、エントリーやエグジットがしやすく、だましにあう確率が低いのかということです。

　私は仕事上、頻繁にプロと呼ばれている人たちの話を聞く機会があります。かつて銀行で為替ディーラーをしていて、いまはそのときの経験を活かして個人トレーダーになっている人もいます。

　彼らの話を聞くと、トレードの経験が長くなればなるほど、不思議なことに基本に立ち返るようです。つまり、ベーシックな分析指標をメインに使っている方が多いように思えます。やれフィボナッチだ、ペンタゴンだと言っていた人も、最後は最もベーシックかつシンプルな分析指標を用いるようになるのです。そして、移動平均線こそがその最右翼ではないかと考えられます。

SECTION 2-2 移動平均線の役割と計算方法

　移動平均線の第一の役割は価格の動きをなめらかにすることです。ローソク足では上がったり下がったりで、トレンドがつかみにくいのですが、移動平均線にするとそれらが平均化されてなめらかな動きになるので、トレンドがわかりやすくなるからです。**図表2-1**を見ると、ローソク足チャートだ

図表 2-1 │ トレンドをわかりやすくするのが移動平均線の役割

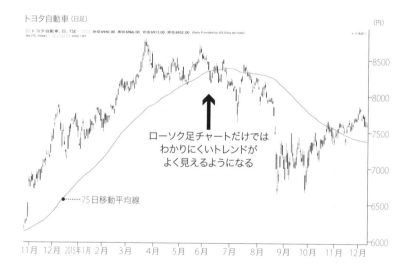

けではわかりにくい上昇トレンドと下降トレンドがよくわかります。

ちなみに、移動平均線には計算の仕方によって種類がたくさんあり、代表的なものは単純移動平均線（SMA、Simple Moving Average）、加重移動平均線（WMA、Weighted Moving Average）、指数平滑移動平均線（EMA、Exponential Moving Average）です。いちばん有名なのはもちろんSMA、単純移動平均線です。

移動平均線に限らず、MACDでもRSIでもそうなのですが、テクニカル分析に用いられる分析指標で大事なのは、その計算の根拠をきちんと理解することです。何でもそうですが、仕組みを知らずに、それを使いこなすことはできませんし、むしろ理解できないものは使わないという気持ちが大切です。

では、移動平均線はどのような計算式で求められるのかを単純移動平均線を例に考えてみましょう。

移動平均とは何かということから、まず解説します。

「平均」は、誰でもご存じかと思います。たとえば米ドル円の終値の5日間平均とは、文字どおり、5日間の終値を足し上げて、それを5日で割って求めます。たとえば、

1日目……110円50銭
2日目……110円90銭
3日目……110円10銭
4日目……109円50銭
5日目……110円20銭

となったとき、5日間の移動平均がいくらになるのかは、以下の計算式で求められます。

（110円50銭 ＋ 110円90銭 ＋ 110円10銭 ＋ 109円50銭 ＋ 110円20銭）÷ 5日間

　これなら小学校で習う計算のレベルです。誰でも簡単に求められますよね。答えは110円24銭です。これが、5日目の終値が出た時点も含め、過去5日間の終値の平均値になります。とはいえ、この時点ではあくまでも過去5日間の終値の平均値に過ぎません。移動平均線というからには、毎日この平均値を計算し、それらを結んで線を描いていくことになります。
　6日目の米ドル円の終値が、110円90銭だったとします。
　この場合、先の1日目の終値を外し、6日目の終値を加えて直近5日間の平均値を計算します。

（110円90銭 ＋ 110円10銭 ＋ 109円50銭 ＋ 110円20銭 ＋ 110円90銭）÷ 5日間 ＝ 110円32銭

　このようにして、1日ごとに新しい日の終値を加えるのと同時に、1日目の終値を外して5日間の平均値を計算するということをずっと続けて平均値を線で結ぶと、5日間移動平均線ができ上がります。

図表 2-2 ｜ 移動平均線を入れるとローソク足チャートの動きが
　　　　　わかりやすくなる

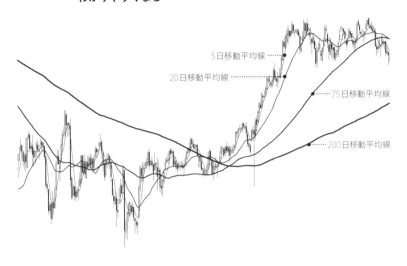

　ところで、移動平均線を活用するうえでは、「何日間で平均値を計算すればいいのか」という問題がつきものです。証券会社の取引画面などに用意されているチャートツールでは、5日間、20日間、75日間、200日間がよく用いられます。
　一般的には、5日間移動平均線のことを「短期線」、20日間移動平均線と75日移動平均線のことを「中期線」、200日移動平均線のことを「長期線」と呼びます。
　まず、5日間は1週間（7日間）のうちマーケットが動いていない土日を外したものです。20日は1か月間から土日を外した日数に近く、同様に75日は3か月間、200日は1年間に該当します。

第2章　もっと深く移動平均線について理解しよう　　**029**

それぞれを表示してみると、前ジ**図表2-2**のようになります。ここでは4本の移動平均線を紹介しましたが、4本全部を常にチャート画面に表示しておく必要はありません。自分自身がやりやすいトレードの時間軸に合わせ、売り買いのシグナルが適度に出現するものを組み合わせればいいでしょう。
　どの期間の移動平均線を使うかは、あくまでも自分がどの程度の期間でトレードをしているのか、あるいはしたいのかによって決めればいいことです。
　たとえば、短期のトレードしかしない人が、中期線や長期線ばかりを見ていても、あまり役に立ちません。あるいは長期投資をする人が短期線ばかりを見ていても、同様に役に立ちません。自分のトレードスタイルに合った期間の移動平均線を見ることが大切なのです。

SECTION 2-3 移動平均線が意味すること

　移動平均線の第一の役割は「価格の動きをなめらかにすること」だと、前項で書きましたが、このように過去の数字を平均化してつくった「線」が何を意味するのか、20日移動平均線を例にとって、もう少し深く考えてみましょう。
　20日移動平均線とは、当日を含めた過去20日間の平均値を、当日の位置に置いてつなげて描いた線であり、当日を含めた過去20日間の平均値の推移をみたものです。
　そして、移動平均線のいちばんわかりやすい見方は、過去20日間の平均値と、本日の価格を比較することです。これによって、何がわかるのでしょうか。

　それは、「過去のある期間の平均買値（または平均売値）と現在の価格を見比べることができる」ということです。
　たとえばある日の価格が20日移動平均線よりも上にあるとはどういうことでしょうか。
　それは過去20日間に買っているトレーダーは儲かっているということを示しているのです（ということは、逆にカラ売りしているトレーダーは損をしているはずです）。

もし価格が移動平均線の下にあれば、その逆になります。
　たとえば、20日移動平均線で現在の価格が1ドル＝110円50銭だったとします。そして当日の終値が1ドル＝111円だったとすると、過去20日間で米ドルを買っていた人は、平均して50銭儲けており、米ドルを売っていた人は、平均して50銭の損失を被っていることになります。

　また、移動平均線を描くことによってその推移も見えてきますから、時間の経過とともにその利益または損失が増えているのか減っているのかもわかります。
　買い方がプラスで、有利な傾向が続きそうであれば追撃の買いを検討するでしょう。こういう局面であれば、売り方がロスカット（損切り）の買い戻しを検討することによって、さらに価格が上がるかもしれません。あるいは、買い方の利益がある程度乗ってくれば利益確定の売りを考えるかもしれません。
　つまり、平均買値（または平均売値）を把握し、それを現在の価格と比べて、相場に参加しているトレーダーの損益が現在どうなっているかを分析すれば、これからどういう流れになりやすいのかを推理することができるのです。

SECTION 2-4 ゴールデンクロス・デッドクロスとは何か？

　前項で触れたとおり、現在の価格が移動平均線の上にあるのか下にあるのかは、相場にとって大きな意味を持つことになります。そこで、現在の価格と移動平均線との位置関係が変化する地点を「クロスポイント」と呼びます。

　ちなみに、多くの基本書では、短期移動平均線と長期移動平均線のクロスをクロスポイントとするケースが多いのですが、グランビルの法則ができたときは、現在の価格と移動平均線のクロスをそのように呼んでいました。本書では基本に立ち戻って、現在の価格と移動平均線のクロスから解説を始めていきます。

　クロスの仕方は、現在の価格が移動平均線を下から上に抜けるか、上から下に抜けるかの2通りがありますが、前者を「ゴールデンクロス」、後者を「デッドクロス」といいます（次ページ**図表2-3**）。

　ゴールデンクロスは、それまで平均的にマイナスだった買い方の損益がプラスに転じる分岐点で、デッドクロスは、それまで平均的にプラスだった買い方の損益がマイナスに転じ

図表 2-3 ローソク足チャートが移動平均線の上にあるか下にあるかは大切

る分岐点のことです。

　また、ゴールデンクロスは、それまで平均的にプラスだった売り方の損益がマイナスに転じる分岐点であり、デッドクロスは、それまで平均的にマイナスだった売り方の損益がプラスに転じる分岐点ということもできます。

SECTION 2-5 ゴールデンクロス、デッドクロスの投資家心理

　買った後、価格が下がっていたとしましょう。どのような気持ちになるでしょうか？

　上がると思って買った自分の思惑が外れているわけですから、どうして自分の読みははずれたのか、あるいは早く損切りしたほうがいいのではないかなどと不安な気持ちになるはずです。

　では、そこから価格が回復して、自分が買った価格を上回ったら、どのような気持ちになるでしょうか？

　当然、うれしい気持ちになるでしょう。自分の読みはやはり正しかった、あるいはどこまで上昇するか楽しみだという気持ちになるはずです。

　つまり、損益がマイナスかプラスかで、投資家の気持ちはまったく違うものになります。心理的に、投資家が強気になる分岐点がゴールデンクロスで、逆に弱気になる分岐点がデッドクロスです。

　ゴールデンクロスとデッドクロスのそれぞれについて、買い方がどのような心理状態になるのかをまとめると、以下の

ようになります（売り方であれば逆になります）。

・**ゴールデンクロスのときの買い方の気持ちの変化**
ゴールデンクロス前……損益がマイナス状態なので、いつ損切りしようかと考える。
ゴールデンクロス後……損益がプラスに転じるため、追撃を検討する。

・**デッドクロスのときの買い方の気持ちの変化**
デッドクロス前……損益がプラス状態なので、安心してポジションを持っている。
デッドクロス後……損益がマイナスに転じるため、慌てて損切りを検討する。

　こうした理由から、通常はゴールデンクロスが買いサイン、デッドクロスが売りサインになるのです。

SECTION 2-6 移動平均線と相性がいい「グランビルの法則」

　ゴールデンクロスは買いサイン、デッドクロスは売りサインだと簡単に書きましたが、実際の相場ではそう簡単に割り切れるものではありません。

　「だまし」といって、買いサインが点灯したと思って買ったら下降に転じてしまうとか、売りサインが点灯したと思って売ったら上昇に転じてしまうといった、「予想どおりにならない」ケースもよくあります。

　そこで、移動平均線を用いて売り買いの判断をする場合には、もう少し細かく、移動平均線と実際の価格の関係を把握しておく必要があります。そのための非常にわかりやすい方法として、「グランビルの法則」があります。

　これは、移動平均線の考案者として先ほども触れたジョゼフ・E・グランビルが、その著書『グランビルの法則』において「移動平均線と株価の乖離の仕方や方向性を見ることで、株価の先行きを判断する」ためのルールとして定めたものです（ちなみに、グランビルはウォール街の新聞社である、ハットン・デイリー・マーケット・ワイヤー通信社の人気記者でした）。

　グランビルの法則としては、以下のように、買いのシグナ

図表 2-4 | グランビルの法則による「買い」と「売り」のシグナル

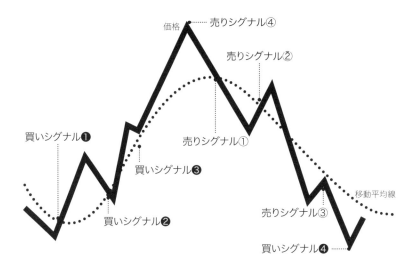

ルが4つ、売りのシグナルが4つの、計8つのシグナルが定められています（**図表2-4**）。

・**買いシグナル**
  ❶移動平均線がある程度の期間下降した後で横ばい状態になるか、あるいは少し上昇基調に転じたときに、価格がその移動平均線を下から上にはっきりとクロスしたとき。
  ❷移動平均線が引き続き上昇している時期に、価格が移動平均線を左から右にクロスしたとき（つまり価格が移動平均線を一時的に下回ったとき）。
  ❸価格が上昇基調の移動平均線の上にあり、その後移動平均線に向かって接近（下降）していくが、移動平均線とク

ロスせずに再度上昇を始めたとき。
❹価格が下降基調の移動平均線の下にあって、移動平均線から大きく乖離したとき。

- **売りシグナル**
  ①移動平均線がある程度の期間上昇した後で横ばい状態になるか、あるいは少し下降基調に転じたときに、価格がその移動平均線を上から下にはっきりとクロスしたとき。
  ②移動平均線が引き続き下降している時期に、価格が移動平均線を左から右にクロスしたとき（つまり価格が一時的に移動平均線を上回ったとき）。
  ③価格が下降基調の移動平均線の下にあり、その後移動平均線に向かって接近（上昇）していくが、移動平均線とクロスせずに再度下降を始めたとき。
  ④価格が上昇基調の移動平均線に上にあって、移動平均線から大きく乖離したとき。

これだけの解説では、よくわからないという方もいらっしゃると思うので、次項からさらに詳しく解説していきます。

COLUMN
テクニカル指標の「だまし」について

　テクニカル指標を売買サインにする場合において、買いシグナルが出ても上がらない、売りシグナルが出ても下がらないような状態を「だまし」といいます。価格が上昇すると予想できるから買いだ、あるいは価格が下降すると予想できるから売りだと考えてポジションを取ったのに、そのとおりにならないことを、「売買サインが出たのに、だまされた」＝「だまし」だととらえるわけです。

　しかし、テクニカル指標というのは、すべて過去の価格データを元に算出し、「過去にこういう動きをした場合は、将来こうなることが多い」という統計的な期待にもとづいているにすぎませんから、勝手に期待して「だまされた」というのは、本来、正確な言い方ではないような気がします。

　テクニカル指標は現状を知るのに役立つものであって、将来のことを確実に予想できるということはないのです。もちろん本書で解説している移動平均線についても、だましはつきものです。

　大切なことは、テクニカル指標とはそういうものだと心得たうえで、それぞれのテクニカル指標の成り立ちや仕組みなどから、どういう状況のときにだましが発生しやすいのかをきちんと把握しておくことです。

SECTION 2-7 グランビルの法則（買いのサイン）を詳細に検証する

買いシグナル❶について

　これが、最も典型的なゴールデンクロスです。まず、移動平均線がしばらく下降していること。次に、その移動平均線が下げ止まりを予兆させるものであること。この2つが大前提であり、その条件がそろっている状態で、移動平均線の下にあった価格が、移動平均線を上向きにはっきりとクロスする形になったときが、最大の買いのチャンスになります（次ページ**図表2-5**）。

　ゴールデンクロスについては、何となく「短期線が長期線を下から上に抜けるとき」だと覚えている人も多いようです。しかし、本章でこれまでに解説してきたように、移動平均線と価格の関係には深い意味がありますから、その関係と合わせて考えながら、正確に上記の3つの条件を理解しておきましょう。

買いシグナル❷について

　一見するとデッドクロスに見えるのですが、デッドクロスではありません。正しいデッドクロスになるためには、移動

図表 2-5 | 買いシグナル❶　典型的な買いサイン

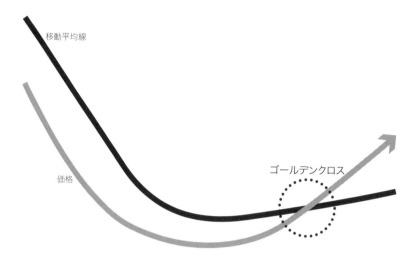

図表 2-6 | 買いシグナル❷　だましのデッドクロス（買いサイン）

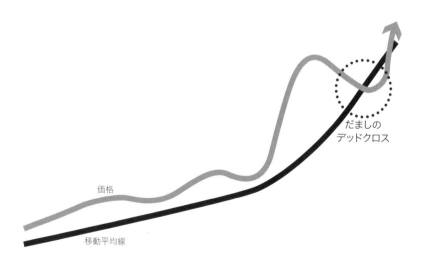

平均線が横ばい状態になるか、少し下降基調に転じるという前提が必要です（後述する売りシグナル①参照）。加えて、価格が上から下へとはっきりとクロスしなければなりません。

このケースでは、移動平均線がまだ上昇しているなか、価格が移動平均線の下にいくという形です。これは、上昇トレンドがまだ継続するなかでの押し目であり、売り場ではなくむしろ買い場になります（**図表2-6**）。

ただ、こうしたケースでは、移動平均線と価格が何度も交差を繰り返すパターンがよく見られます。そして、やがて勢いをなくして下降に転じてしまうこともあります。つまり、押し目買いのチャンスなのかトレンドの転換点なのかは紙一重ですから、大きく取るために強くいける場面ではないということです。

買いシグナル❸について

価格が安定的に上昇しているとき、価格と移動平均線は平行して上昇していきます。このとき、価格は基本的に移動平均線の上にあります。なぜなら移動平均線は、過去数日間の平均値なので、上昇局面では当然、現在の価格より低い値になるからです（これを「移動平均線の遅効性」といいます）。

価格はその都度、上がったり下がったりしますが、移動平均線はそれより遅れて上昇し、遅れて下降します。

ですから、価格と移動平均線の位置関係をみれば、現状が上昇トレンドか下降トレンドかがわかるわけです（下降トレンドであれば、価格は移動平均線より下に位置することになります）。

図表 2-7 | 買いシグナル❸　押し目買いのサイン

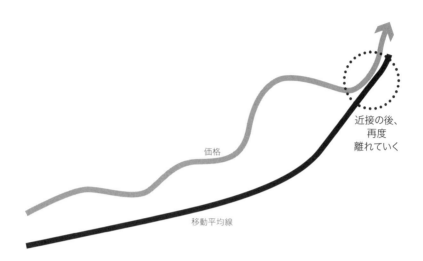

図表 2-8 | 買いシグナル❹　急落後の買いサイン

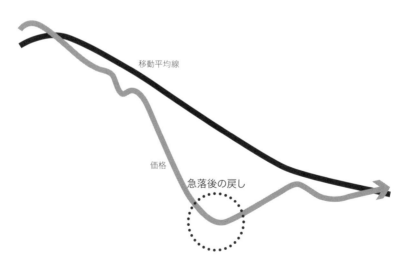

上昇トレンドにあるとき、価格が上昇力を失うと、価格と移動平均線は間隔を徐々に縮めていき、逆に価格が上昇力を強めているときは、価格と移動平均線の間隔が徐々に広がっていきます。
　つまり、上昇トレンドのときは、価格と移動平均線の位置関係を保ったまま、価格が移動平均線に接近したり離れたりするわけですから、買いシグナル❸のケースは、一度、上昇力を弱めた相場が再度上昇を開始したことを意味し、買いのチャンスだといえます（**図表2-7**）。

買いシグナル❹について
　これは「移動平均乖離率」という、別のテクニカル指標として扱われることもあります。
　移動平均乖離率とは、価格と移動平均線がどれくらい離れているかを数値化（％）してトレードの目安にするテクニカル指標です。移動平均は文字どおり「平均」ですから、価格が平均から離れる（乖離する）と、その後、価格は移動平均線に向けて戻ってくる（平均に回帰する）性質があります。その性質を利用して売買のシグナルにするのです。
　もし、価格が一定の角度で下降し、移動平均線もそれに並行して、同じ角度で下降していくとしたら、価格と移動平均線の乖離は一定です。
　ここで下降していた価格が急落するなどすれば、価格は移動平均から乖離することになりますが、通常、そうした状態はいつまでも続くものではありません。急落した相場にはい

ずれリバウンドが入ります。それにより価格は、移動平均線に近づきます（前ジ→**図表2-8**）。
　とはいえ、移動平均乖離率は使いづらい指標でもあります。なぜなら、「どのくらい離れたら、戻ってくるか」ということが明確になっていないからです。通常、売買シグナルとして使う場合は10％以上とするケースも多いようです。つまり移動平均線から下へ10％以上離れたら「売られすぎ＝買いサイン」ということです。しかし、この数字はチャートの時間軸や銘柄ごとの値動きの性質、そのときの市場の状況によって変わってきます。
　システマチックにトレードを行なう場合は、過去のデータから統計的に最適値を求めて機械的に適用しますが、それでも誤差はつきものです。
　使いづらいルールは、あくまで参考程度に止めておくことをおすすめします。

SECTION 2-8 グランビルの法則（売りのサイン）を詳細に検証する

売りシグナル①について

　これは前項の買いシグナル❶の逆で、最も典型的なデッドクロスです。まず、移動平均線がしばらく上昇していること。次に、その移動平均線が上げ止まりを予兆させるものであること。この2つが大前提であり、その条件がそろっている状態で、移動平均線の上にあった価格が、移動平均線を下向きにはっきりとクロスする形になったときが、最大の売りのチャンスになります（次ページ**図表2-9**）。

　グランビルの法則のなかでは、前項の買いシグナル❶のゴールデンクロスとこのデッドクロスがメインですので、ここだけは正確に覚えておいてください。

売りシグナル②について

　これは前項の買いシグナル❷の逆です。一見するとゴールデンクロスに見えるのですが、ゴールデンクロスではありません。正しいゴールデンクロスになるためには、移動平均線が横ばい状態になるか、少し上昇基調に転じるという前提が必要です（前述した買いシグナル❶参照）。加えて、価格が下から上

図表 2-9 | 売りシグナル① 典型的な売りサイン

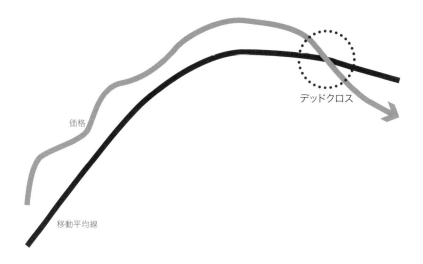

図表 2-10 | 売りシグナル② だましのゴールデンクロス（売りサイン）

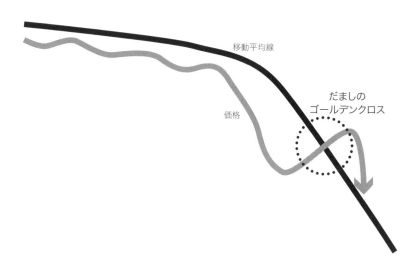

へとはっきりとクロスしなければなりません。

　このケースでは、移動平均線がまだ下降しているなか、価格が移動平均線の上にいくという形です。これは、下降トレンドがまだ継続するなかでの戻りであり、買い場ではなくむしろ売り場になります（**図表2-10**）。

　ただ、買いシグナル❷で書いたのと同様に、こうしたケースでは移動平均線と価格が何度も交差を繰り返すパターンがよく見られます。そして、やがて上昇に転じてしまうこともあります。つまり、戻り売りのチャンスなのかトレンドの転換点なのかは紙一重ですから、大きく取るために強くいける場面ではないということです。

売りシグナル③について

　これは前項の買いシグナル❸の逆です。

　下降トレンドにあるとき、価格が下降力を失うと、価格と移動平均線は間隔を徐々に縮めていき、逆に価格が下降力を強めているときは、価格と移動平均線の間隔が徐々に広がっていきます。

　つまり、下降トレンドのときは、価格と移動平均線の位置関係を保ったまま、価格が移動平均線に接近したり離れたりするわけですから、このケースは、一度、下降力を弱めた相場が再度下降を開始したことを意味し、売りのチャンスだといえます（次ページ**図表2-11**）。

売りシグナル④について

図表 2-11 | 売りシグナル③　戻り売りのサイン

図表 2-12 | 売りシグナル④　急騰後の売りサイン

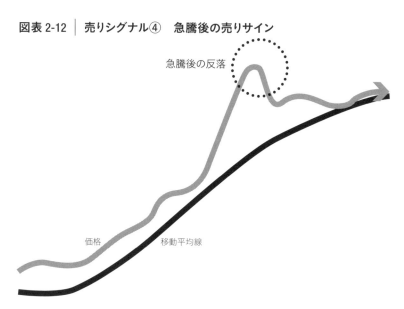

これは前項の買いシグナル❹の逆です。上昇していた価格が急騰するなどすれば、価格は移動平均から乖離することになりますが、通常、そうした状態はいつまでも続くものではありません。急騰した相場はいずれ反落します。それにより価格は、移動平均線に近づきます。

　ここでは、買いシグナル❹と同様に、価格が移動平均線から一定以上乖離した後、移動平均線に向けて戻ってくる性質を利用して、売買のシグナルにするものです。

　急な上げに対する一時的なリバウンドという位置づけですから、通常は大きな値幅を取れる場面ではありません。ただ、トレンドの最終局面で大きな乖離が出たときは、そこが天井になり、その後、下降トレンドに入るというパターンもあります（**図表2-12**）。

SECTION 2-9 複数の移動平均線（短期線と中期線）を使う意味とは？

　前項までは、グランビルの法則の基本に立ち戻るために、現在の価格と移動平均線のクロスを例にとって解説してきましたが、ここからは2本の移動平均線のクロスに話を進めていきます。

　まず、なぜ価格と移動平均線ではなく、2本の移動平均線を用いるのでしょうか。

　それは「だまし」を減らすためです。先にも触れたように、移動平均線の役割の一つに価格の動きを平滑化するというものがありました。つまり、価格と移動平均線（20日線）のクロスだと、日々の相場の変動によって、クロスが頻繁に発生してしまうところを（**図表2-13**）、価格を平滑化した移動平均線（5日線）と移動平均線（20日線）のクロスに置き換えることによって、頻繁に発生するクロス（だまし）を減らすことができます（**図表2-14**）。これが移動平均線を2本使う目的なのです。

　最近ではむしろ、ゴールデンクロスやデッドクロスといえば、短期線（例5日線）と中期線（例20日線）を使うケースのほうが一般的ですが、それはだましを減らすことの効能が広く認

図表 2-13 ｜ ローソク足はひんぱんに 20 日移動平均線と接触している

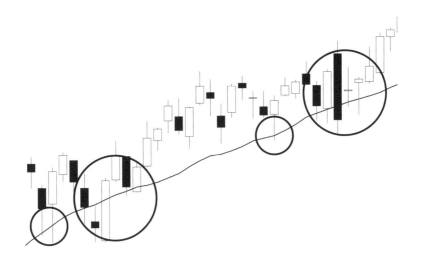

図表 2-14 ｜ ローソク足を 5 日移動平均線で代用してみると…

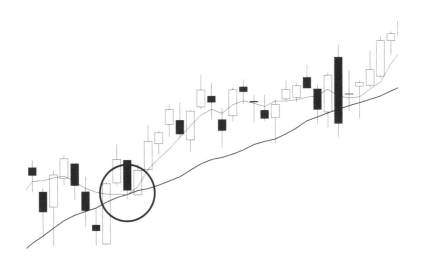

第 2 章　もっと深く移動平均線について理解しよう　**053**

められたからだともいえるでしょう。

　価格そのものではなく、5日線をその代用にする場合でも、ゴールデンクロスやデッドクロスの考え方や定義は変わりません。ここまでに解説したグランビルの8法則がそのままあてはまります。

　5日線と20日線を見るとき、基準となるのは20日線です。つまり直近20日のあいだに買った人（あるいは売った人）が現在（過去5日の平均的状況）どうなったかを調べていると考えてください。

　その人たちが平均的にプラスなのかマイナスなのか。もみ合っているのか、あるいはマイナスだとすればそのマイナスは増えてきているのか減ってきているのか。そういう現時点での相場の状況を確認するための指標なのです。

　そして、ゴールデンクロスとは、平均的な買い方がいままでマイナスだったのがプラスに転じるポイント、売り方でいえばそれまでプラスだったのがマイナスに転じるポイントのことですから（デッドクロスであればその逆）、そのポイントで売り勢力と買い勢力は大きく力関係が変化するということになります。

SECTION 2-10 複数の移動平均線（中期線と長期線）を使う意味とは？

　前項では、短期線（例として5日線）を価格の代用にし、中期線（例として20日線）と組み合わせて使う場合について解説しましたが、同じように複数の移動平均線を使う場合であっても、それが中期線（例として20日線）と長期線（例として40日線）を組み合わせて使う場合では意味合いがまったく異なってきます。

　これは「移動平均線大循環分析」のベースになる見方ですから、きちんと押さえておきましょう。

　次ページの**図表2-15**と**図表2-16**は価格と中期線（20日線）のある日の状況をピックアップしたものです。この状況がどういうトレンドかわかるでしょうか？

　この状況をローソク足チャートと移動平均線で見ると、次ページの**図表2-17**と**図表2-18**となりますから、これまでに解説したことから、図表2-15は上昇トレンド、図表2-16は下降トレンドだということがわかります。

　次に移動平均線を2本使って、価格と中期線（20日線）と長期線（40日線）のある日の関係を見たものが58ページの**図表2-19**と**図表2-20**です。先ほどと同様に、この2つの図から、この40日間の価格の動きやトレンドがどのようなものだっ

第2章　もっと深く移動平均線について理解しよう　　**055**

| 図表 2-15 | 価格が移動平均線より上にあるということは？ | 図表 2-16 | 価格が移動平均線より下にあるということは？ |

| 図表 2-17 | 「図表 2-15」の状況をチャートにしてみると… | 図表 2-18 | 「図表 2-16」の状況をチャートにしてみると… |

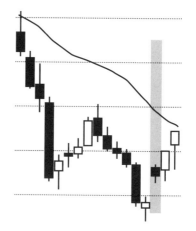

たか、わかるでしょうか？

　答えは58ページの**図表2-21**と**図表2-22**のとおりです。

　まず図表2-21の長期線と価格の位置関係では、長期線（過去40日の平均）が下にあり、価格が上にあります。ということは40日間の大きな流れとしては上昇トレンドだということがわかります。ところが中期線（過去20日の平均）は価格の上にありますから、最近20日を考えると、下降トレンドということがわかります。つまり、大きな流れで上昇トレンドだったものが、最近下降に転じて、現在に至るということです。

　次の図表2-22では、長期線と価格の位置関係では、長期線（過去40日の平均）が上にあり、価格が下にあります。ということは40日間の大きな流れとしては下降トレンドだということがわかります。ところが中期線（過去20日の平均）は価格の下にありますから、最近20日を考えると、上昇トレンドということがわかります。つまり、大きな流れで下降トレンドだったものが、最近上昇に転じて、現在に至るということです。

　当たり前のように思えますが、移動平均線のある日の位置関係を見ただけで、その日に至るまでの過去の流れと、その日の状況がわかるのです。

　この事実が移動平均線大循環分析ではとても大切なポイントです。では次章からはいよいよ移動平均線を使った究極の分析手法の解説を行なっていきます。

図表 2-19 | 価格をはさんだ中期線・長期線の位置関係（その1）

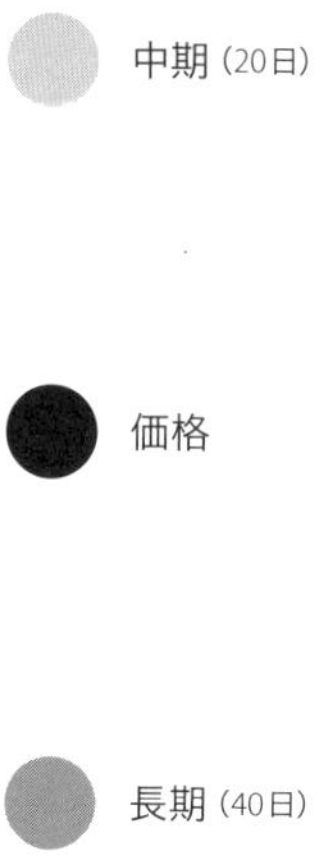

中期（20日）
価格
長期（40日）

図表 2-20 | 価格をはさんだ中期線・長期線の位置関係（その2）

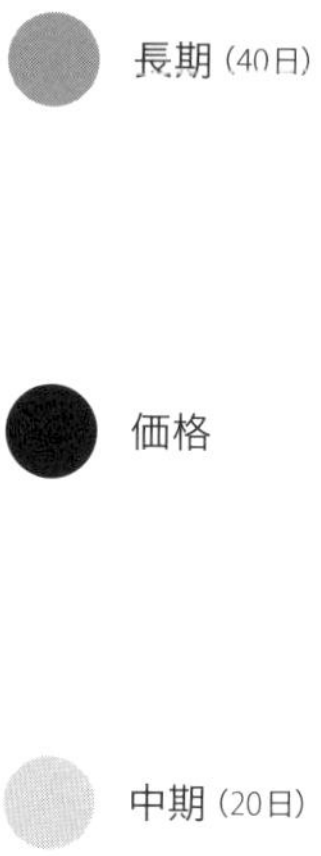

長期（40日）
価格
中期（20日）

図表 2-21 | 中期線が長期線より上にあるということは…

価格
20日線
40日線

図表 2-22 | 長期線が中期線より上にあるということは…

40日線
20日線
価格

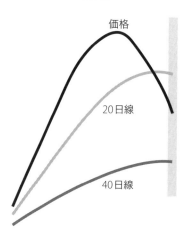

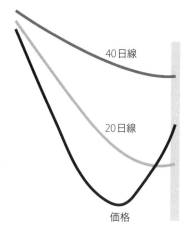

HOW TO MAKE MONEY WITH MOVING AVERAGE LINE

第3章

移動平均線大循環分析の仕組みと使い方

SECTION 3-1 「移動平均線大循環分析」で相場のエッジが一目瞭然

　第1章でも触れましたが、トレードで勝つためには、先行きを予測するのではなく、「現在がどういう相場状況にあるのか」を把握し、エッジのある方向にポジションを持つことが最も大切です。

　エッジとして考えられる局面はさまざまですが、私が最も注目しているのが、移動平均線大循環分析です。これは3本の移動平均線を使うことよって、相場の局面を明確に定義し、上昇と下降の力関係を分析する手法です。

　ちなみに、3本の移動平均線で相場を分析する手法については、昔からさまざまな人が研究しています。つまり、決して私のオリジナルではありません。ただ、その考え方を多くのトレーダーが理解しやすいように、私が整理してまとめたものであるということを、初めに申し上げておきたいと思います。

　移動平均線大循環分析の優れているところは、ずばり「エッジがよくわかる」ところにあります。そして、その見極め方も簡単です。また、日足・週足を使った長期トレードでも、

図表 3-1 | 移動平均線が「短、中、長」あるいは「長、中、短」の順に並んでいるときにトレードエッジがある

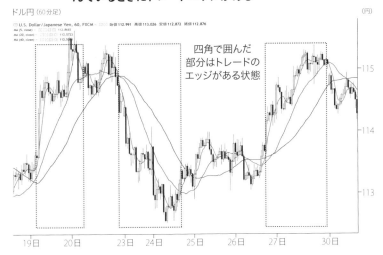

分足・時間足を使った短期トレードでも同じように使えるというのもこの手法のメリットです。

買いにエッジがある場所は、「移動平均線の並び順が、上から短期線・中期線・長期線になり、3本とも右肩上がり」です。逆に、売りにエッジがある場所は、「移動平均線の並び順が、下から短期線・中期線・長期線になり、3本とも右肩下がり」になっています。当然、買いにエッジがある場合は買いポジションを、売りにエッジがある場合は売りポジションを持つようにします。

これを実際のチャート上に表示してみると、相場のエッジがよく見えてくると思います（**図表3-1**）。

しかも移動平均線の並び順は無限にあるのではなく、後で解説するように、上記の2つのほかに4つ、合計でわずか6つのステージしかないため、分析が非常にシンプルです（これは私が経験的にそう整理したというような非科学的なものではなく、3本の線の「順列」の計算から簡単に求めることができます）。

　そして、これも後で解説していきますが、その6つのステージには、それぞれ論理的な根拠に基づいた意味（相場の状況）があります。たとえば「上昇トレンドがやや勢いをなくしてきたステージ」とか「下降トレンドへの転換が明確になってきたステージ」などです。
　加えて、それらの相場の状況がまだしばらく続くのか、あるいは次のステージに移るのか、移るとしたらどのステージに移るのかもわかります。

　以上のような特徴を持つ移動平均線大循環分析を活用すれば、相場において「次に自分がとるべき行動」が見えてきます。
　相場の初心者は、複雑な動きのわかりにくい時期に、どうやって利益を上げようかとあれこれ悩むのではなく、「わかりやすく、取りやすいところ」でしっかりと利益を上げればいいのです。

SECTION 3-2 移動平均線大循環分析の仕組み ── 6つのステージがある

　3本の移動平均線の並び方は、物理的に見て6通りしかありません。短期線、中期線、長期線がどういう並び順になるのかを示すと、以下のような並びになります。

　第1ステージ……短期、中期、長期
　第2ステージ……中期、短期、長期
　第3ステージ……中期、長期、短期
　第4ステージ……長期、中期、短期
　第5ステージ……長期、短期、中期
　第6ステージ……短期、長期、中期

　そして、相場はこの第1ステージから第6ステージまでを順に経過して流れていく、というのが移動平均線大循環分析の基本的な考え方です（**図表3-2**）。6つに分けられる各ステージには、相場の現状を示すメッセージが隠されています。そのメッセージは、以下のとおりです。

　第1ステージ……安定上昇

図表3-2 | ステージは常に"クロス"の発生で移行する

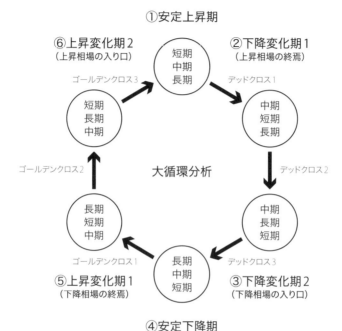

第2ステージ……上昇トレンドの終わり
第3ステージ……下降トレンドの始まり
第4ステージ……安定下降
第5ステージ……下降トレンドの終わり
第6ステージ……上昇トレンドの始まり

　時系列でいうと、一般的には第1ステージから始まり、最後は第6ステージにいくという順番に推移していきます。こ

図表3-3 | 逆行はいつか必ず順行に戻る（➡の部分のみが逆行）

れを「順行」といいます。

　ただし、「一般的には」というからには例外もあります。たとえば、第1ステージから第6ステージに向けて動くようなケースもあります。これを「逆行」といいます。

　ただ、逆行はそんなに多く起こる現象ではありません。大雑把な言い方になりますが、全体の7割は順行で、残り3割が逆行です（**図表3-3**）。

　ステージが逆行するのは、相場が押し目や戻し、あるいはもみ合い局面に入ったときです。また、逆行はそう長く続くものではありません。第6ステージから第5ステージ、第4ステージと、ステージを1段階か2段階進んだ後、再び順行に戻っていきます。したがって、逆行になったときは、「い

つか順行に戻る」ことを念頭に置いて、ポジションをとるようにしましょう。

　次の重要なポイントは、順行のときでも逆行のときでもそうですが、ステージを飛ばして推移することはない、ということです。
　たとえば順行のときであれば、第1ステージの次は第2ステージになりますし、逆行のときには、第6ステージの次は第5ステージになります。これは移動平均線の成り立ちを考えれば、ギャップを空けて推移することはないので、ステージが急にジャンプすることはないとわかります。
　このことは、「いまがどのステージにあるのか」「順行なのか逆行なのか」さえわかれば、次のステージが明確に見えてくるということを意味します。

　また、各ステージには以下のような特徴があります。

・第1ステージ、第4ステージは、基本的に長続きする。
・第2ステージ〜第3ステージ、第5ステージ〜第6ステージは移行期（変化期）のため、基本的に、あっという間に通り過ぎる。
・第1ステージや第4ステージが短く、第2ステージ、第3ステージ、第5ステージ、第6ステージが長いときは、もみ合い状態である可能性が高い。

以上の特性については、頑張って暗記しなくとも、しばらく移動平均線大循環分析をつかってみれば、自然に理解して覚えてしまうと思います。
　そのためには、チャートを見るときには常に「いまがどのステージにあるのか」「どういう推移でいまに至り、次はどのステージに移行する可能性が高いのか」を頭に思い浮かべるようにしてください。それを繰り返しているうちに、各ステージの特性についても実感し理解できるはずです。

SECTION 3-3 移動平均線大循環分析とゴールデンクロス、デッドクロス

　第2章で、移動平均線のゴールデンクロスとデッドクロスについて解説しました。移動平均線大循環分析では、3本の移動平均線を用いて、その並びのパターンから6つのステージに分類し、買いか、売りか、それとも様子見かを判断しますが、そのステージの循環は、3つのゴールデンクロスと、3つのデッドクロスによって発生しています（64ページ図表3-2参照）。

　ステージの順番に沿って解説していきます。

　まず、第1ステージから第2ステージへの移行は、移動平均線が上から「短期線、中期線、長期線」という並びから、「中期線、短期線、長期線」に変わっていきます。したがって、短期線が中期線を上から下に抜けるデッドクロスが出現します。

　このとき、短期線が5日、中期線が20日、長期線が40日だとすると、短期線と中期線のデッドクロスですから、基本的に「過去1か月間の買い方の収益が、プラスからマイナスに転じた」ことを意味します。

次に第2ステージから第3ステージへの移行は、短期線がさらに下がり、長期線を上から下に割り込むことによって生じます。つまり短期線と長期線のデッドクロスが生じた結果、移動平均線の並びは、上から「中期線、長期線、短期線」となります。これは、「過去2カ月間の買い方の収益が、プラスからマイナスに転じた」ことを意味します。

　第3ステージから第4ステージへの移行は、中期線が下がって、長期線を上から下に割り込むことによって生じます。つまり、中期線と長期線のデッドクロスが生じ、その結果、移動平均線の並びは、上から「長期線、中期線、短期線」となります。

　第4ステージから第5ステージへの移行は、短期線が底を打って上昇に転じ、短期線が中期線を下から上に突き抜け、ゴールデンクロスによって生じます。結果、移動平均線の並びは、上から「長期線、短期線、中期線」になります。

　第5ステージから第6ステージへの移行は、短期線が長期線を下から上に抜けるゴールデンクロスが生じます。これによって、移動平均線の並びは、上から「短期線、長期線、中期線」となります。

　そして、第6ステージから第1ステージへの移行は、中期線が長期線を下から上に抜けるゴールデンクロスが生じます。

ここでの移動平均線の並びは、上から「短期線、中期線、長期線」となります。

　このように、移動平均線大循環分析の6つのステージは、3つのゴールデンクロスと、3つのデッドクロスによってできているのですが、大切なことは、その背景にある相場参加者の「収益の変化」です。
　たんに形を覚えるのではなく、相場の現状の力関係がそのように変化しているからこそ、この後の項で解説するような対応が必要なのだと理解しておいてください。

SECTION 3-4 移動平均線大循環分析の最も基本的な使い方

　移動平均線大循環分析では、価格変動を3つのパターンに分けています。「安定上昇の時期」「安定下降の時期」「それ以外（移行期）」というものです（次ジ→**図表3-4**）。
　これはとてもシンプルですが、シンプルだからこそ、相場の初心者でも使いこなすことができるのです。

　まず、「安定上昇の時期」にあたるのは、3本の移動平均線が上から短期線・中期線・長期線の順に並び、3本とも右肩上がりという局面です。
　逆に「安定下降の時期」にあたるのは、3本の移動平均線が下から短期線・中期線・長期線の順に並び、3本とも右肩下がりという局面です。
　そして、「安定上昇の時期」にも「安定下降の時期」にも該当しない局面が、「それ以外の時期」になります。
　そして、基本的には、トレーダーは「安定上昇の時期」と「安定下降の時期」に仕掛けるだけで十分です。
　安定上昇の時期には買いポジションで、安定下降の時期は売りポジションで臨みます。「それ以外の時期」は、要する

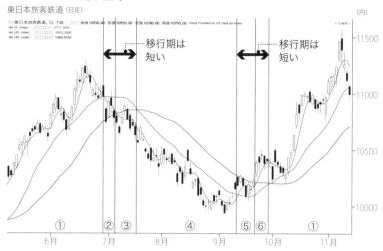

図表 3-4 │ 第1ステージと第4ステージは長く、それ以外のステージは短期が基本

に方向感のはっきりしない時期であり、ここで仕掛けると、いわゆる「だまし」にあう可能性も高いので、トレードは避けるという選択肢もあります。

　このような使い方をすると、大相場をしっかりととることができます。

　多くの個人投資家は、損切りはなかなか決断できないのに、なぜか利益確定は急ぎがちで、結果的に大相場なのに、ほんの少しだけ値上がりしたところで利益を確定させてしまいがちです。

　これだと、損失は大きく膨らむ一方、利益は少なくなってしまい、トータルで見てほとんど利益が上がらないという状況に陥ります。ところが、移動平均線大循環分析では、価格

が上がり続ける限り手仕舞いのサインが出てこないため、上昇トレンドが続くときは、ずっとポジションを持ち続けることができます。

　逆に欠点は、もみ合い相場が続く局面において、収益を上げるチャンスがなかなかこないことです。また、トレンドが発生したとしても、それが小さい相場だと、仕掛けた途端、すぐにトレンドが転換してしまい、利益を上げることができなかったり、損切りになってしまったりすることもあります。
　そうした欠点に対応するために応用編である試し玉、早仕掛け（次項参照）があります。
　基本から一歩進めて応用を学ぶことにより、ステージ変化の法則を見抜き、ワンテンポ早く仕掛けたり、手仕舞いの時期を工夫したりすることができるようになります。その結果、仕掛けるチャンスを広げ、だましにあうことを減らせるようになるのです。

　テクニカル分析は、将来の価格を予測するためというよりも、相場の現状を把握することが大切だと、何度か書いてきました。相場の現状を把握するということは、買い手と売り手の力関係が今後、どのように変化するのか、どちらが優位なのかを見極めるということです。
　そのことを常に意識していれば、表面的な形にとらわれず、移動平均線大循環分析から相場の状況を臨機応変に読みとることができるようになります。

SECTION 3-5 短いトレンドも取りにいく早仕掛けと試し玉

　移動平均線大循環分析がゴールデンクロスとデッドクロスの組み合わせでできているということは、移動平均線につきものの「だまし」から逃れることはできないということを意味します。

　なるべくだましにあわないようにするためには、より慎重に仕掛ける、たとえば現在が第1ステージの段階にあって、短期線と中期線、長期線という3本の移動平均線が、右肩上がりで上昇していることを確認してからというようにすればいいのですが、ひとつだけ欠点があります。それは、慎重にやるということは、仕掛けのタイミングが遅く、その間の利益を取り損ねてしまう恐れがあるのです。

　また、慎重に仕掛けるということは、大きなトレンドは取れるけれども、小さなトレンドは取りにくいということでもあります。

　もちろん、初心者にとってはそれでもいいと思いますが、徐々にトレードの経験値が高まると、たとえ小さくてもトレンドはトレンドですから、そこでも利益を取れなければ、何

となく損をした気持ちになることもあります。

　そこで、だましにあわず、少しでも早く仕掛ける方法を見つける必要があります。そのためにマスターしたいのが、ここで解説する早仕掛け、試し玉です。

　早仕掛けは、第1ステージあるいは第4ステージの段階でポジションを持つときと同じ量のポジションを、少し早めのタイミングで持つことを意味します。

　たとえば第1ステージでドル円のロングを5枚買う予定であれば、それよりも早い段階で、ドル円のロングを5枚買うのです。そうすることによって、移動平均線大循環分析で取りこぼしやすい小さなトレンドも取れるようになります。

　試し玉は、取引する予定の量の3分の1から5分の1程度のロットで仕掛けることを意味します。

　たとえばドル円を5枚、ロングポジションで持つ予定ならば、とりあえず1～2枚程度のポジション量を買います。少しだけポジションを持って、その後の行方を見ながら、目論見どおりに推移しそうなときは本仕掛けといって、3～4枚を買い足します。

　次項からは、基本的な仕掛けや手仕舞いに加えて、早仕掛けと試し玉も含めて、各ステージでの状況判断の仕方や戦術について解説していきます。

第3章　移動平均線大循環分析の仕組みと使い方　075

SECTION 3-6 第1ステージでの対応法

　移動平均線大循環分析では、短期線、中期線、長期線という3本の移動平均線の「並び順」「間隔」「傾き」に注目し、その3つの要素によって分析をしていきます（**図表3-5**）。このように、3つの要素で分析することを「3次元分析」といいます。

　具体的には、「並び順」で現在の状況を把握し、「間隔」で次のステージへの移行を読み取り、最後に線の「傾き」でステージ移行のだましを読み取ります。

　ここからは実際の相場におけるチャートを交え、三次元分析に基づきながら、各ステージでの判断の仕方と戦術について解説していきます。

　まずは第1ステージです。価格が上昇を続ける限り、動きの速い短期線が上昇し、しばらくしてから中期線がそれに続き、最後に最も動きが鈍い長期線が上昇を始めます。その結果、移動平均線は上から短期線、中期線、長期線という並びになります。

　このステージで、3本の線が右肩上がりであれば、買いに

図表 3-5 「3つの手がかり」で相場のトレンドを判断できる

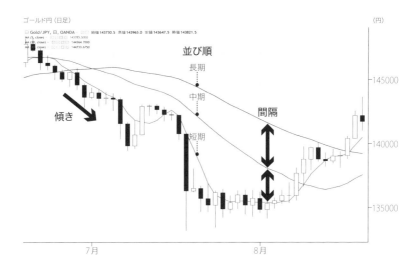

　エッジがある状態です。次の**図表3-6**でも、非常にわかりやすい上昇トレンドとなっています。

　したがって、第1ステージで、3本の移動平均線がすべて上向きになったことを確認したら買いエントリーします（3本の移動平均線がすべて上向きになっていないと、第1ステージといっても短期のうちに終了し、もみ合い相場に入る可能性がありますから注意が必要です）。とくに、3本の移動平均線の間隔が広がりつつある状態の場合は、さらに強気で攻めてもいいでしょう。

　なお、第1ステージがある程度続いた後の展開は第2ステージへの移行しか考えられません（もし第6ステージへ戻るなら初期の段階です）。

第3章　移動平均線大循環分析の仕組みと使い方　**077**

図表 3-6 移動平均線が短期・中期・長期の順で角度は右肩上がりの状態

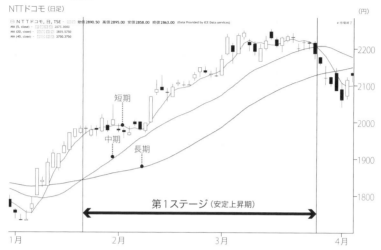

SECTION 3-7 第2ステージでの対応法

　相場が下降トレンドへと転換するときは、動きの速い短期線が真っ先に下降に転じ、中期線を上から下にクロスすることによって、移動平均線は上から中期・短期・長期の順になります（次ページ**図表3-7**）。ただ、前項でも触れたように一時的な押し目形成というケースも考えられます（その場合は第1ステージに戻ります）。

　したがって、第2ステージは第1ステージでエントリーした買い建玉を手仕舞うタイミングですが、クロスしても、中期線と長期線の2本がともに安定上昇を崩していない場合は、建玉を継続します。すなわち、中期線と長期線で形成される帯が右肩上がりで広い間隔を維持している限りは、短期線が少々下降してきてもトレンドは強いと判断します。

　一方、原則的には下降トレンド入りの最初の予兆ですから、売りの試し玉を検討して備えます。試し玉とは、エントリーするときに、本来考えている建玉数の何分の一かのポジションを持つことです。

　また、第1ステージの上昇が短期に終わってしまった場合は、もみ合い期入りの可能性があります。それを見極めるま

図表 3-7 | 短期線が中期線を下回っているが、長期線よりは上にある状態

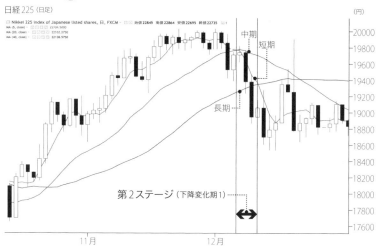

では売りエントリーは見送ります。短期線が下げ続けていること、中期線の上昇が終わり、ほぼ平行になっていることが売り仕掛けの条件です。

　第2ステージでは短期線の上に中期線、下に長期線となっていますが、次に短期線がどちらとクロスするかがポイントになります。通常（順行）であれば短期線が長期線とクロスして第3ステージへ移行しますが、短期線が上を向いて中期線とクロスすると第1ステージへ戻ります（上昇相場の押し目のときによく見られる展開です）。

　これを予測するためのヒントは、長期線の傾きです。長期線の上昇に変化が見られない場合は長期線とクロスしないか、クロスしてもすぐにだましとなる可能性が高いといえます。

SECTION 3-8　第3ステージでの対応法

　第2ステージの状態からさらに下降傾向が続いてくると、短期線は長期線も下に抜いて、移動平均線は上から中期・長期・短期の順になります（次ページ**図表3-8**）。まさに下降相場の入り口です。

　ここでは、第1ステージでエントリーした買い建玉がある場合は、すべて手仕舞いします。また、売りの早仕掛けを検討します。早仕掛けは、試し玉とは異なり、本格的に仕掛ける場合と同じポジション量を、ワンテンポ早くエントリーさせるものです。その分、だましにあうリスクもありますが、成功すれば仕掛けが早い分だけ利益にもつながります。

　ただし、実際に早仕掛けでエントリーするためには、以下の条件をクリアしていることを確認します。

・第1ステージがある程度長かったこと
・順行で第1ステージ、第2ステージ、第3ステージと順に推移してきたこと
・短期線と中期線が右肩下がりで、長期線も平行状態に近づいていること

図表3-8 | 短期線が長期線も下回っているが、中期線は長期線よりも上にある状態

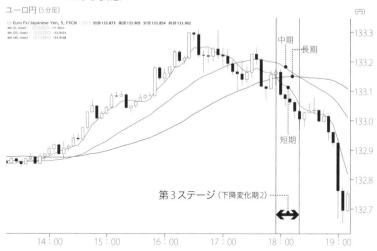

　ちなみに、これらの条件をクリアして新規売りを行なった後でも、短期線が上昇して他の線とクロスしたら、すぐ手仕舞いすることを忘れないでください。

　第3ステージの後は、中期線が長期線に接近してクロスし、第4ステージの安定下降期に入るのが基本（順行）です。しかし、短期線がいち早く上昇し始めると、長期線と再度クロスし、第2ステージに戻ることがあります。その場合はもみ合い期に入る可能性が高まります。

　第3ステージの後の動きを見極めるときのポイントも、長期線の動きが大事です。第4ステージの安定下降期に移るためには、長期線の上昇が終了しなければなりません。

SECTION 3-9　第4ステージでの対応法

　価格が下降を続ける限り、動きの速い短期線が下降し、しばらくしてから中期線がそれに続き、最後に最も動きが鈍い長期線が下降を始めます。その結果、移動平均線は上から長期線、中期線、短期線という並びになります。

　買い方と売り方の力関係が第1ステージとは逆になる「安定下降期」となります。

　このステージで、3本の線が右肩下がりであれば、売りにエッジがある状態です。次ジー**図表3-9**でも非常にわかりやすい下降トレンドとなっています。

　したがって、第4ステージで、3本の移動平均線がすべて下向きになったことを確認したら売りエントリーします（3本の移動平均線がすべて下向きになっていないと、第4ステージといっても短期のうちに終了し、もみ合い相場に入る可能性がありますから注意が必要です）。

　とくに、3本の移動平均線の間隔が広がりつつある状態の場合は、さらに強気で攻めてもいいでしょう。

　第4ステージがある程度続いた後の展開は第5ステージへの移行しか考えられません（もし第3ステージへ戻るなら初期の段階で

図表3-9 移動平均線が長期・中期・短期の順で角度は右肩下がりの状態

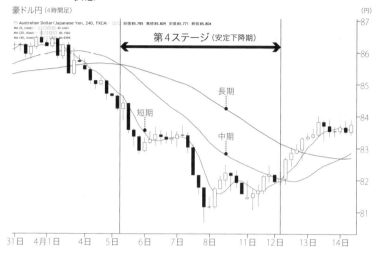

　す）。

　なお、第1ステージと第4ステージは逆の関係といえますが、たとえばドル円は、第1ステージ（ドル高円安トレンド）がゆっくりと進むのに対し、第4ステージ（ドル安円高トレンド）はスピードが早い、といった特徴が経験的に見られます。また、株式市場においても、一般的には上昇トレンドよりも下落トレンドのほうがスピードが早い傾向があります。

SECTION 3-10 第5ステージでの対応法

　相場が上昇トレンドへと転換するときは、動きの速い短期線が真っ先に上昇に転じ、中期線を下から上にクロスすることによって、移動平均線は上から長期・短期・中期の順になります（次ページ**図表3-10**）。ただ、第2ステージと逆のケースですから、一時的な戻りということも考えられます（その場合は第4ステージに戻ります）。

　したがって、第5ステージは第4ステージでエントリーした売り建玉を手仕舞うタイミングですが、クロスしても、中期線と長期線の2本がともに安定下降を崩していない場合は、建玉を継続します。すなわち、中期線と長期線で形成される帯が右肩下がりで広い間隔を維持している限りは、短期線が少々上昇してきてもトレンドは強いと判断します。

　一方、原則的には上昇トレンド入りの最初の予兆ですから、買いの試し玉を検討して備えます。試し玉とは、エントリーするときに、本来考えている建玉数の何分の一かのポジションを持つことです。

　また、第4ステージの下降が短期に終わってしまった場合は、もみ合い期入りの可能性があります。それを見極めるま

図表 3-10 短期線が中期線を上回っているが、長期線よりは下にある状態

では買いエントリーは見送ります。短期線が上げ続けていること、中期線の下降が終わり、ほぼ平行になっていることが仕掛けの条件です。

　第5ステージでは短期線の下に中期線、上に長期線となっていますが、次に短期線がどちらとクロスするかがポイントになります。通常（順行）であれば短期線が長期線とクロスして第6ステージへ移行しますが、短期線が下を向いて中期線とクロスすると第4ステージへ戻ります（下降相場の戻りのときによく見られる展開です）。

　これを予測するためのヒントは、長期線の傾きです。長期線の下降に変化が見られない場合は長期線とクロスしないか、クロスしてもすぐにだましとなる可能性が高いといえます。

SECTION 3-11 第6ステージでの対応法

　第5ステージの状態からさらに上昇傾向が続いてくると、短期線は長期線も上に抜いて、移動平均線は上から短期・長期・中期の順になります（次ページ**図表3-11**）。まさに上昇相場の入り口です。

　ここでは、第4ステージでエントリーした売り建玉がある場合は、すべて手仕舞いします。また、買いの早仕掛けを検討します。早仕掛けは、試し玉とは異なり、本格的に仕掛ける場合と同じポジション量を、ワンテンポ早くエントリーさせるものです。その分、だましにあうリスクもありますが、成功すれば仕掛けが早い分だけ利益にもつながります。

　ただし、実際に早仕掛けでエントリーするためには、以下の条件をクリアしていることを確認します。

・第4ステージがある程度長かったこと
・順行で第4ステージ、第5ステージ、第6ステージと順に推移してきたこと
・短期線と中期線が右肩上がりで、長期線も平行状態に近づいていること

図表3-11 短期線が長期線も上回っているが、中期線は長期線よりも下にある状態

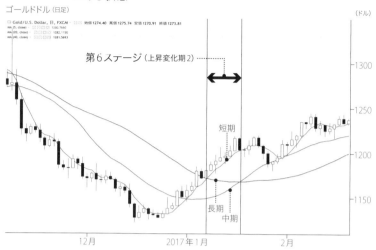

　ちなみに、これらの条件をクリアして新規買いを行なった後でも、短期線が下降して他の線とクロスしたら、すぐ手仕舞いすることを忘れないでください。

　第6ステージの後は、中期線が長期線に接近してクロスし、第1ステージの安定上昇期に入るのが基本（順行）です。しかし、短期線がいち早く下降し始めると、長期線と再度クロスし、第5ステージに戻ることがあります。その場合はもみ合い期に入る可能性が高まります。

　第6ステージの後の動きを見極めるときのポイントも、長期線の動きが大事です。第1ステージの安定下降期に移るためには、長期線の下降が終了しなければなりません。

SECTION 3-12 押し目買いと戻り売りはどこでする？

　上昇トレンドの押し目で買いたい、下降トレンドの戻りで売りたいというのはすべてのトレーダーに共通した願望です。そうはいっても、そのタイミングをつかむのは簡単ではないのですが、移動平均線大循環分析を使うと、押し目買いと戻り売りのタイミングが非常にわかりやすくなります。

　移動平均線大循環分析における押し目は、以下の場面のことです。

・第1ステージで推移していた相場が第2ステージあるいは第3ステージまで変化した後に、再度第1ステージに戻って上昇を続けるケース
・上記の変形として、第1ステージのまま価格（ローソク足）だけが中期線あるいは長期線を下回ったものの、その後、元に戻って上昇を続けるケース

　では、このような押し目をどうやって見抜けばいいのでしょうか。ポイントは中期線と長期線です。短期線あるいは価格が下がっても中期線や長期線が上昇を続けていることが確

図表3-12 | 実際のチャートで見た押し目買いのポイント

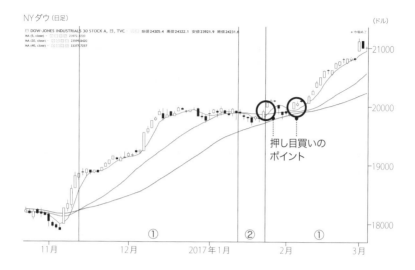

認できれば、それが押し目です。

　その場合、中期線を割り込んでいた短期線（あるいは価格）が元に戻って、上から短期線・中期線・長期線の並び順で間隔を広げながら3本の線が上昇を始めたときが押し目買いを仕掛けるタイミングです（**図表3-12**）。

　戻り売りは「あや戻し」ともいいますが、押し目買いの逆の動きとなります。戻りを押し目と同様に定義すれば、

・第4ステージで推移していた相場が第5ステージあるいは第6ステージまで変化した後に、再度第4ステージに戻って下降を続けるケース

図表 3-13 実際のチャートで見た戻り売りのポイント

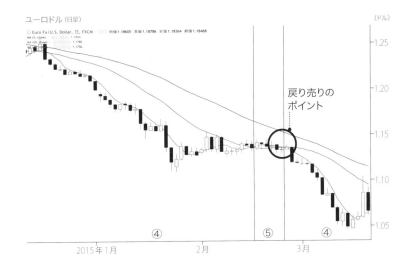

- 上記の変形として、第4ステージのまま価格だけが中期線あるいは長期線を上回ったものの、その後、元に戻って下降を続けるケース

そして、あや戻しを見抜くポイントは押し目買いの逆で、短期線あるいは価格が上がっても、中期線や長期線が下降を続けていることが確認できれば、それがあや戻しですから、中期線を超えていた短期線（あるいは価格）が元に戻って、上から長期線・中期線・短期線の並び順で間隔を広げながら、3本すべての線が下降を始めたときが戻り売りを仕掛けるタイミングです（図表3-13）。

SECTION 3-13 もみ合い放れを見極めるには？

　トレードは長く続くトレンド状態で行なうのがいちばん簡単で、利益を大きく取ることができます。
　一方、トレンドがない状態（もみ合い相場）で利益を上げるのはなかなか簡単ではありません。しかし、だからといって、もみ合いのときに相場から目を離してしまうことはおすすめしません。なぜなら、トレンドがない状態がどちらかにブレークするとき、いわゆるもみ合い放れは、どちらかのトレンドの初動になるケースが多く、トレーダーにとって非常に大きなチャンスだからです。

　移動平均線大循環分析はそのもみ合い放れのタイミングも教えてくれます。
　相場がもみ合いになると大循環分析の3本の移動平均線は横ばいとなり、互いに接近します。とくに中期線と長期線が近接するのがもみ合い期を見極めるポイントです。
　そして、そのもみ合い放れが起こる可能性があるのは第1ステージか第4ステージに入るケースのみです。
　第1ステージで3本の線が間隔を広げながら上昇を始めた

図表 3-14 もみ合い放れをモノにするチャンスを探れ！

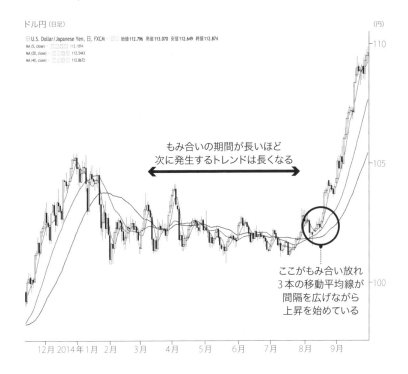

ら上放れのサイン、第4ステージなら3本の線が間隔を広げながら下降を始めたときが下放れのサインです。

したがって、もみ合い中に第1ステージか第4ステージになったら、その動きに注目します。

とくに注目すべきポイントは3本の線の間隔です。もみ合い中は3本の線の間隔が一時的に離れてもすぐに接近するように動く特徴があります（**図表3-14**）。

したがって、放れたように見える動きがだましかどうかを判定するのは簡単です。もし、もみ合いが継続する場合にはすぐに短期線が中期線にクロスをしていきます。その場合は仕掛けてはいけません。
　一方、本当に放れてトレンドが発生すると３本の線はどんどん離れていくのです。
　もみ合い放れにおいては、もみ合いの期間が長ければ長いほど、次に発生するトレンドは大きなものになるといわれていますから、長期のもみ合い相場を見つけたら、もみ合い放れで確実にエントリーして、しっかりと利益を上げるようにしましょう。

SECTION 3-14

移動平均線の「間隔」で
トレンドの継続性を読む

　移動平均線大循環分析において、最も大切なのは第1ステージと第4ステージです。なぜなら、この部分が相場においてトレンドがあらわれる時期であり、トレードによる利益の大半を生み出す場面だからです。

　相場において、「第1ステージあるいは第4ステージであるか否か」は移動平均線の並び順を見れば一目瞭然ですが、実際にそこでトレードをして利益を出せるかどうかについては、「トレンドが長続きするかどうか」を判断できることがポイントになってきます。

　トレンドが長続きするかどうかを判断するためには、移動平均線の間隔に注目します。

①安定上昇・安定下降

　安定した上昇トレンドが続くと、3つの線はほぼ平行になります（次ページ **図表3-15**）。下降トレンドも同様で、安定した下降トレンドが続くと、3つの線はほぼ平行になります（次ページ **図表3-16**）。

　移動平均線がこのような形になって推移している場合はし

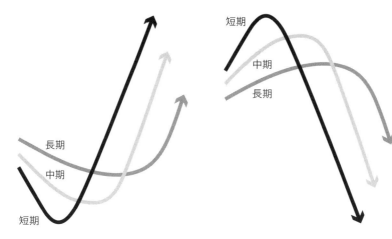

図表 3-15 ｜ 3本の移動平均線の間隔がほぼ平行な安定上昇期

図表 3-16 ｜ 3本の移動平均線の間隔がほぼ平行な安定下降期

ばらくこのままトレンドが続いていく可能性が高いといえます。

②加速度上昇・加速度下降

上昇あるいは下降相場が加速度をつけていくと、3つの線はどんどん開いていきます（**図表3-17**、**図表3-18**）。これはトレンドが勢いを増しているケースです。

こうしたケースでは、この後の展開はトレンドの初期と終盤で見方が異なってきます。

初期に拡散（間隔の拡大）が見られた場合は勢いがある状態で、この後その方向に大きなトレンドができることが予想されます。

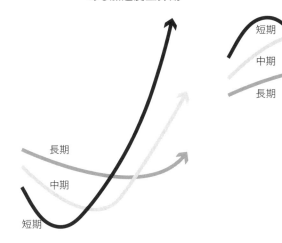

図表3-17 　3本の移動平均線の間隔が開きつつある加速度上昇期

図表3-18 　3本の移動平均線の間隔が開きつつある加速度下降期

　一方、トレンドの終盤に拡散が見られた場合は、さらに大きく伸びるケースと、そこを天井に急落するケースがあるので注意が必要です。

　トレンドが加速度を増してきた場合、最終的には天井を突くか、あるいは大底を打つかして、トレンドの終焉を迎えることになります。

　買い方があきらめて損切り決済をする状態を「投げる」といい、売り方があきらめて損切り決済をする状態を「踏む」といいます。下降相場の最後は買い方の投げによる暴落があり、投げなければいけない人が全員投げると、リバウンドが起こります。逆に、上昇トレンドの最後は売り方の踏み上げによる暴騰があり、踏まなければならない人が全員踏むと、

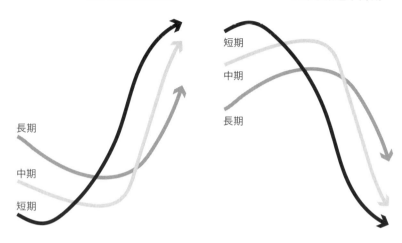

図表 3-19 ｜ 3本の移動平均線の間隔が収束しつつある減速上昇期

図表 3-20 ｜ 3本の移動平均線の間隔が収束しつつある減速下降期

反落が起こります。

そして、そこが天井、あるいは大底になるのです。

③減速上昇・減速下降

これはゆるやかに収束していくパターンです。**図表3-19**（上昇のケース）あるいは**図表3-20**（下降のケース）のように、上昇トレンド（あるいは下降トレンド）において3つの線の収束（間隔が狭くなること）が見られたなら、それはトレンドの勢いがなくなってきていることを意味します。

その場合、次のステージへ移行する可能性を考えておく必要があります。

SECTION 3-15 大きな相場の流れは「帯」で読みとる

　前項では、トレンドの継続性を読むためには移動平均線の間隔を見ることが大切だと書きました。

　そのなかでも、相場の大きな流れをとらえるためには、中期線と長期線の間隔に注目します。この間隔に色をつけたものを「帯」と称します。右肩上がりの上昇局面でできた帯が「上昇帯」、右肩下がりの下降局面でできた帯が「下降帯」です（次ページ**図表3-21**）。

　そして、上昇帯から下降帯に切り替わるときを「陰転」、下降帯から上昇帯に切り替わるときを「陽転」といいます。そして、この2つの移動平均線が入れ替わる局面を「帯のねじれ」といいます。

　相場の大局は、帯が教えてくれます。陽転は、大局的に相場の流れが上昇トレンドに切り替わっていることを、逆に陰転は、大局的に相場の流れが下降トレンドに切り替わっていることを意味します。

　では、帯によって何がわかるのでしょうか。それは以下の6つです。

図表 3-21 "帯"を見ればトレンドの大局がわかる

①大局のトレンドがわかる

　帯に沿って価格が動いているときは、トレンドに対して素直に相場が推移していることを意味しますが、帯を突き破ろうという動きのときは、トレンドが転換することを意味します。

②トレンドの方向性と力強さがわかる

　帯が横ばいだったり、間隔がなかったりする場合は、トレ

ンドがないことを意味します。逆に、帯が広がりながら、一定の傾きを持って推移しているときは、その傾きの方向にトレンドが形成されています。

③トレンドの安定性がわかる

帯が広ければ現在のトレンドは維持されますが、帯が狭まっているときは、トレンドが弱く、いまのトレンドが終わりに向っていると判断されます。

④帯が抵抗帯・支持帯として機能する

帯の幅が広いときは、帯が抵抗帯、あるいは支持帯として機能します。逆に幅が狭いときは抵抗帯にも支持帯にもなりません。価格や短期線は、いとも簡単に帯を行き来してしまいます。それは、もみ合い局面であることを意味します。

相場全体を通じて見ると、はっきりと幅のある帯が形成されているのは、大体2割程度で、のこりの8割は細い帯しかあらわれません。それだけに、幅広い帯の局面は貴重ともいえます。トレンドのある局面とむずかしい局面で、メリハリをつけてトレードをし、「取れるときに、しっかり取る」というスタンスが大切です。

⑤帯には陽転と陰転がある

前述したように、帯にはねじれが生じます。このねじれが生じたときこそ、大局のトレンドが転換したサインです。

⑥帯は4つの局面に分かれ、それぞれに売買戦略がある

　帯には「買い時代」「売り時代」「もみ合い期」「大転換」という4つの局面があります。

　まず上昇帯は、買いの時代です。はっきりと上昇帯があらわれているときは、価格が多少下がったとしても、絶好の押し目の拾い場になります。

　逆に、下降帯は、売りの時代です。はっきりと下降帯があらわれているときは一時的な価格上昇時に戻り売りをするのも有効です。

　もみ合い期は、帯の幅が狭くなったところです。この局面ではだましにあうことも多いので、売りも買いも仕掛けないほうが無難です（もみ合い放れには注目しておくべきです）。

　そして大転換ですが、これは上昇帯と下降帯が切り替わるところですから、気持ちを切り替えることが大切です。

SECTION 3-16 移動平均線大循環分析のメリットと注意点

　ここまでお読みいただいた方は、テクニカル指標としての移動平均線大循環分析が、判断が明確でわかりやすいものであることがおわかりいただけたかと思います。

　ただ、何事も100％完璧なものはありません。移動平均線大循環分析にも弱点があります。

　第一に、値動きの小さな投資対象には不向きであることです。移動平均線大循環分析の良いところは、ある程度、大きな上昇トレンド、あるいは下降トレンドがあったとき、それをほぼ丸ごと取れる点にあります。逆に、ほとんど値動きがないような場合だと、いちばんおいしいところを取ることができません。

　したがって、移動平均線大循環分析を用いるときは、できるだけ変動率が大きいもの、トレンドが出やすいものを選ぶことが大切です。そうした投資対象は何かといえば、株式であれば、大型の国際優良株よりも新興株でしょうし、FXなら米ドル円よりも英ポンド円のほうが向いていると考えられます。

　移動平均線大循環分析には、そういう特徴があるのだとす

れば、取り扱うときには以下のような点に注意すべきです。
　ステージの変化と利益を取りやすい時期を**図表3-22**にまとめてみましたので、これを見ながら確認してみましょう。チャートの①が売りで利益を取りやすい時期、②が買いで利益を取りやすい時期です。
　チャートを見れば一目瞭然ですが、取りやすい時期というのは年に数回程度です。

・第1ステージと第4ステージを確実にモノにする
　儲けられないトレーダーほど年がら年中トレードをして儲けようと躍起になります。もちろん、気持ちは痛いほどわかります。しかし相場には利益を取りやすい時期と取りにくい時期があり、それはトレーダー個人の力ではどうすることもできないのです。
　その点、移動平均線大循環分析は利益を取りやすい時期を教えてくれます。
　利益を取りやすいのは、何といっても第1ステージと第4ステージです。なかでも、第1ステージや第4ステージに入った直後ではなく、3本の移動平均線が間隔を広げながらトレンドが継続している場面でトレードするのが最適です。
　もちろんそうした場面を狙っても、実際にトレンドが長期間続くという保証はありません。仕掛けたとたんに、ステージが終わってしまい、利益につながらないこともあります。しかし、大きなトレンドは「3本の移動平均線が間隔を広げながら続く」という条件を必ず満たしているのは事実ですか

図表 3-22 "大相場"は1年に数回あるかないか

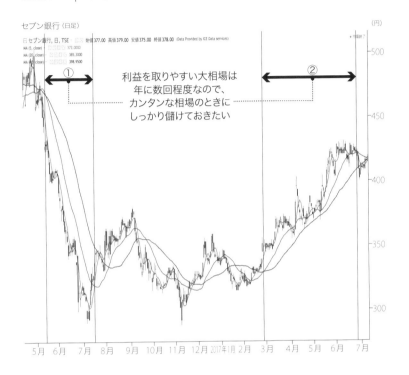

ら、第1章で触れた「大数の法則」の見地からは、そうした場面でトレードすることが儲けるための合理的な方法であることは間違いありません。

・**利益を取りにくいときは無理をしない**

　トレードで利益を取りにくいのは、①頻繁に逆行を繰り返す時期、②第1ステージあるいは第4ステージが短期で終わってしまうとき、③移行期（第2ステージ、第3ステージ、第5ステージ、

第6ステージ）です。

　先に触れたように、応用編を使えば、こうした時期に利益が取れないわけではありません。しかし応用というからには難易度が高いわけで、簡単ではありません。
　だとすれば、こうした時期には無理をする必要はないと考えられます。

　ただ、年に数回しかチャンスがないのならば、年中チャートを追いかけ続ける必要はないではないかと考える人がいるかもしれませんが、そうではありません。
　チャートを見続けていなければ、いつその時期がくるのかを見極めることができませんから、常にチャートはチェックしておくべきです。ただ、まったくトレードもしないでチャートだけながめていても、なかなか真剣になれないものです。
　したがって、おすすめなのは、その他の時期も「練習を兼ねてトレードをする」ことです。練習ですから、その時期の収益はプラスマイナスゼロで十分です。そして、利益を大きく取れるチャンスがきたならば、そこでしっかりと利益を取ればいいのです。こういうメリハリが、勝ち組トレーダーになるための秘訣だといえます。

HOW TO MAKE MONEY WITH MOVING AVERAGE LINE

第4章

実際のチャートで
相場の状況を
推理してみよう

SECTION 4-1 実際のチャートで検証してみよう

　第3章では、移動平均線大循環分析の特徴からその考え方や使い方、メリットとデメリットまでを解説してきました。
　この第4章では、実際のチャートをベースにしながら、相場を理解する練習をしましょう。
　例題1から例題6までに掲載したチャートを見て、「現在の相場の状況」を自分なりに考えてみてください。
　ページをめくると、その後のチャートの推移を掲載するとともに、どのように対応すべきかという答えを書いています。
　ここで大切なのは、予測をあてることではありません。第1章で触れたように、テクニカル分析の要諦は、予測することではなく、現状を正しく理解することです。そして、正しい理解にもとづいて合理的な対応を繰り返していけば、大数の法則によってトレードでは勝てるのです。
　したがって、この章の練習においても、その後の相場の推移が当たっていたかどうかではなく、現状を正しく理解することに集中して練習してください。

SECTION 4-2

例題1
（日経225先物の日足チャート）

　図表4-1を見ると、第4ステージの下降期と第1ステージの上昇期が交互にきているのがわかります。つまり、ここまでの動きは「もみ合い相場」になっています。そして、現状は第1ステージの上昇期です。しかも、いままでの「もみ合い相場」の高値を更新してきています。
　この状況をどう判断すればいいでしょうか。

図表4-1 ｜ **日経225先物の日足チャート**（2017年3月15日〜2017年9月21日）

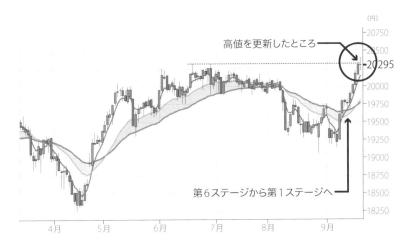

第4章　実際のチャートで相場の状況を推理してみよう

図表4-2 | 日経225先物の日足チャート（2017年5月18日〜2017年11月21日）

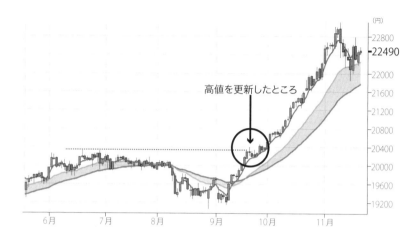

　図表4-2で丸の印をつけたところが、図表4-1の最後の部分でした。それからどうなったでしょうか？
　非常に大きなトレンドを形成したのがわかります。トレンドに勢いがあり狙い撃ちして取りたい局面だったことがわかります。「もみ合い相場」になっているところからもみ合いの高値を抜けて第1ステージへと移行したところは、ぜひとも狙っていくべきところとなります。それまでのもみ合いで値頃感を持っている方は、丸の印のところを「高い」と感じたはずです。しかし、もみ合い放れからの第1ステージは素直に狙っていきましょう。

SECTION 4-3 例題2
（ドル円の日足チャート）

　図表4-3を見ると、第1ステージの安定上昇期が終焉し、第2ステージへ移行していたものが、再び、第2ステージから第1ステージへ移行してきたことがわかります。

　この状況をどう判断すればいいでしょうか。

　ここでは帯の間隔と方向性がポイントとなりますので、よく見て判断してください。

図表4-3 ｜ **ドル円の日足チャート**（2014年4月28日～2014年10月29日）

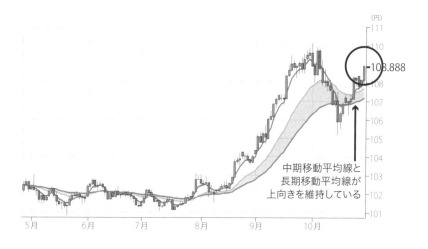

第4章　実際のチャートで相場の状況を推理してみよう

図表 4-4 ドル円の日足チャート（2014年7月7日〜2015年1月9日）

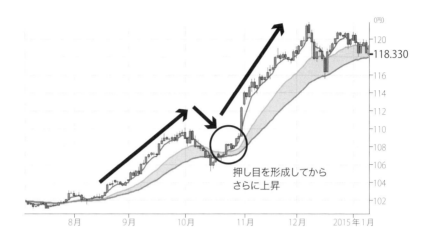

　図表4-4で丸の印をつけたところが、図表4-3の最後の部分でした。それからどうなったでしょうか？
　さらに勢いのある動きを見せ、大きなトレンドを形成しました。このようなパターンを「ステージの1→2→1の押し目買い」といいます。
　ここでは帯の間隔を見てトレンドに勢いがある状態が続いていると判断できるかどうかがポイントでした。また、帯が短期移動平均線に対して支持帯として機能しているのがわかります。帯の間隔の広さや狭さでトレンドの強弱と方向性がわかります。また、広い帯は支持帯、抵抗帯となりやすい傾向が強いことも理解しましょう。

SECTION 4-4

例題3
（ドル円の4時間足チャート）

　図表4-5のチャートを見ると、安定上昇期である第1ステージが終焉し、第2ステージから第3ステージとなり、大きな陰線が立ち第4ステージになってきたことがわかります。上昇帯の間隔が狭くなり直近安値を割って第4ステージへと移行してきているところがポイントになります。

　この状況をどう判断すればいいでしょうか。

図表4-5 ｜ ドル円の4時間足チャート（2017年6月14日〜2017年7月21日）

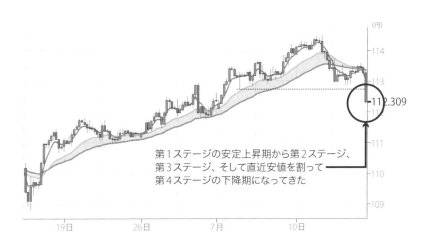

第1ステージの安定上昇期から第2ステージ、第3ステージ、そして直近安値を割って第4ステージの下降期になってきた

第4章　実際のチャートで相場の状況を推理してみよう　113

図表4-6 ｜ ドル円の4時間足チャート（2017年7月10日〜2017年8月9日）

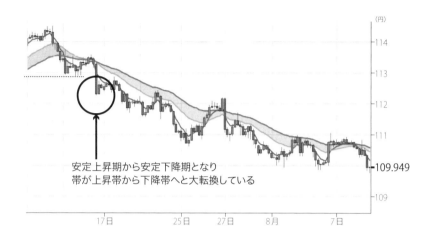

安定上昇期から安定下降期となり
帯が上昇帯から下降帯へと大転換している

　図表4-6で丸の印をつけたところが、図表4-5の最後の部分でした。それからどうなったでしょうか？
　大陰線を付けてからは少し値を戻しましたが、帯の抵抗を受けて下落していることがわかります。
　第1ステージの安定上昇期が終焉し、短期移動平均線が帯の抵抗を受けた後に大きな陰線で直近安値を割ってくると、大転換することがあります。その後も短期移動平均線と帯の関係性を見ると、帯が抵抗帯になっていることがよくわかります。この大転換の流れを理解しましょう。

SECTION 4-5

例題 4
（ドル円の 1 時間足チャート）

　図表4-7のチャートを見ると、第1ステージの安定上昇期が続いていたものが、直近の安値を割って第4ステージへと移行してきたことがわかります。押し目の付け方がやや深めであるのが気になるところです。このチャートが日足ではなく1時間足であることにも考慮が必要かもしれません。
　この状況をどう判断すればいいでしょうか。

図表 4-7 ｜ ドル円の 1 時間足チャート（2017 年 10 月 18 日〜 2017 年 10 月 26 日）

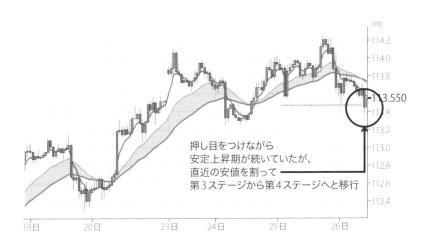

第 4 章　実際のチャートで相場の状況を推理してみよう

図表4-8 ドル円の1時間足チャート（2017年10月25日〜2017年11月2日）

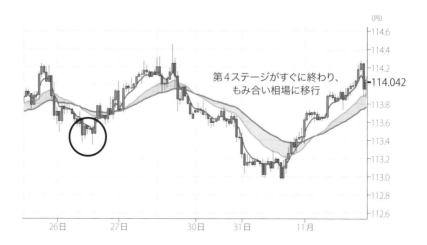

　図表4-8で丸の印をつけたところが、図表4-7の最後の部分でした。それからどうなったでしょうか？
　第4ステージへと移行しましたが、すぐに反転して第1ステージになり、再び第4ステージへと移行し、もみ合い相場になっていることがわかります。もみ合い相場は狙いたい相場ではありません。
　「第1ステージの期間が短い場合」はもみ合い入りする可能性がありますので、そこを見極めましょう。

SECTION 4-6 例題5
（ドル円の5分足チャート）

　図表4-9のチャートを見ると、帯が横ばいで推移しており、もみ合い相場になっていることがわかります。そこから第4ステージの下降期と移行し、なおかつ、もみ合い放れとなっています。

　この状況をどう判断すればいいでしょうか。

図表4-9 ｜ ドル円の5分足チャート（2017年11月17日～2017年11月17日）

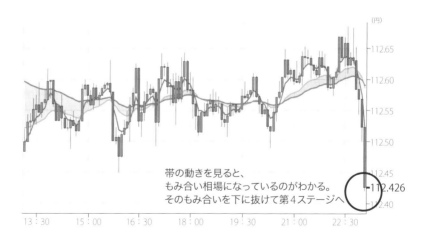

図表4-10 │ ドル円の5分足チャート（2017年11月17日〜2017年11月18日）

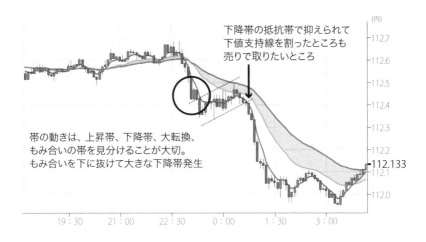

　図表4-10で丸の印をつけたところが、図表4-9の最後の部分でした。それからどうなったでしょうか？

　もみ合いを下に抜けて第4ステージへと移行したことがわかります。そして、下降帯の間隔が広がり、その帯がしっかりと抵抗帯として機能し、トレンドに勢いが出ています。

　移動平均線大循環分析は、日足であっても5分足であっても考え方の基本は同じです。「もみ合い相場は上下どちらかに抜けたところを狙う」ということを覚えておきましょう。

SECTION 4-7

例題6
（NTTドコモの日足チャート）

　図表4-11のチャートを見ると、安定上昇期の第1ステージから第2ステージ、そして第3ステージへと移行していることがわかります。ここでのポイントは、安定上昇期が終焉したあとの帯の状況を理解する必要があるということです。ちなみに帯は上昇帯を維持しています。
　この状況をどう判断すればいいでしょうか。

図表4-11　NTTドコモの日足チャート（2014年8月26日〜2015年4月1日）

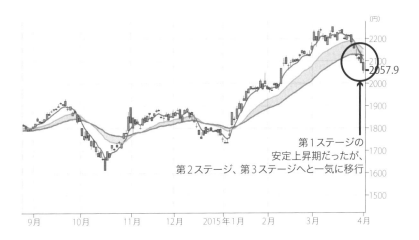

第1ステージの安定上昇期だったが、第2ステージ、第3ステージへと一気に移行

第4章　実際のチャートで相場の状況を推理してみよう

図表 4-12 | NTT ドコモの日足チャート（2015年1月13日〜2015年8月12日）

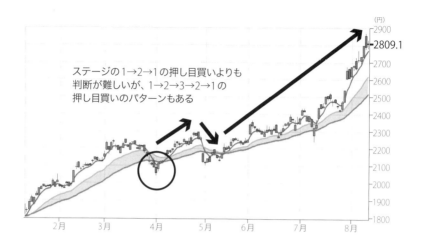

　図表4-12で丸の印をつけたところが、図表4-11の最後の部分でした。それからどうなったでしょうか？

　帯は上昇帯を維持しているところがポイントでした。調整局面は時には「ステージの1→2→3→2→1の押し目買い」という深い調整を入れることもあります。その後も同様に押し目を入れてから、トレンドに勢いが出ているのがわかります。

　だましにあいやすいパターンではありますが、帯を見て、現状が上昇帯であるか下降帯であるかを確認して対応していきましょう。

HOW TO MAKE MONEY WITH MOVING AVERAGE LINE

第 5 章

大循環MACDを
マスターしよう

SECTION 5-1　MACDは移動平均線の進化系

　ここまでに解説してきた移動平均線大循環分析では、トレードすべき状態（第1ステージと第4ステージ）は明確にわかりますが、売買サインが出るのが遅れるという欠点がありました。そのために、応用編として試し玉や早仕掛けによって対応する方法もあるということについても触れてきました。

　そうした欠点に対応するために、この第5章では、移動平均線大循環分析にMACDというテクニカル指標をプラスする手法、すなわち「大循環MACD」について解説していきます。

　まずは、なぜMACDを使うのかということです。
　MACDは「Moving Average Convergence ／ Divergence」の略であり、これを日本語に訳すと、「移動平均収束拡散法」になります。
　「Moving Average（移動平均）」という言葉が入っているのを見ればわかるように、これも本書のテーマである移動平均線の一種です。それが収束したり、拡散したり、ということですが、わかりやすくいえば「くっついたり、離れたり」とい

うことです。

　では、何が「くっついたり、離れたり」するのかです。1970年代の終わりに、ジェラルド・アペルという米国の著名なテクニカル分析家がMACDを開発したのですが、当初は、

MACD＝短期移動平均－長期移動平均

とされていました。この計算式が何を物語っているのかといえば、短期移動平均から長期移動平均を差し引いているのですから、要は期間が異なる2つの移動平均線の差を示しているわけです。

　考案者であるジェラルド・アペルは、短期移動平均は12日EMA（Exponential Moving Average、指数平滑移動平均線）であり、長期移動平均は26日EMAの組み合わせが最適であるとしています（EMAについては次項以降で解説します）。つまり、

MACD＝12日EMA－26日EMA

ということになります。

　では、ここから何がわかるのでしょうか。12日EMAから26日EMAを差し引くわけですから、数字がプラス値で、かつその値が増えつつあるときは、12日EMAが26日EMAよりも上にあり、かつその幅が広がりつつあることを意味します。やがてその値がピークアウトして減ってくると、ゼロ（12日EMAと26日EMAがデッドクロスするポイント）を経て、マイナス

図表 5-1 | MACD なら移動平均線がクロスするポイントの先読みができる

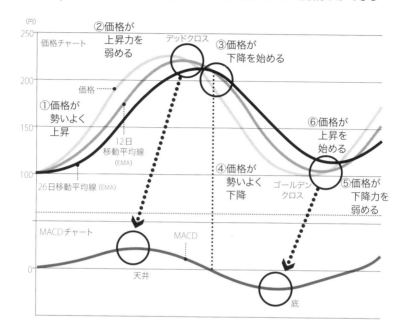

値になります。数字がマイナス値で、かつその値がマイナス方向に増えつつあるときは、12日EMAが26日EMAよりも下にあり、かつその幅が広がりつつあることを意味する、という具合です。何かこういう解説に聞き覚えはありませんか？　そうです。これは移動平均線大循環分析における、移動平均線の位置関係の推移そのものを示しているのです。かつ、「MACDの値がピークアウトしてからゼロに向かう」ということは、MACDがピークアウトするポイントを見ることによって、ゴールデンクロスやデッドクロスを先読みすることができる、ということを意味しています（**図表5-1**）。

SECTION 5-2 MACDに使用する移動平均線＝EMAとは何か？

　さて、ここからしばらくは前項で出てきたEMA（Exponential Moving Average）について解説します。

　第1章で触れたように、一般的に日本で用いられている移動平均線は、SMA（Simple Moving Average、単純移動平均線）です。たとえば5日移動平均線であれば、5日分の価格の平均値を計算し、さらにその翌日には、最初の1日目の数字を外して6日目の数字を加えたものの平均値、というように1日ずつズラして5日分の平均値を計算し、それぞれの平均値を線で結び、移動平均線をつくっていきます。まさに、単純な移動平均線といってもいいでしょう。

　しかし、SMAを頻繁に用いているのは日本くらいで、海外ではEMAを用いるのが普通です。

　EMAとSMAはどう違うのでしょうか。これは実際にチャートで比較するとわかりやすいのですが（**図表5-2**）、たとえば同じ日数のSMAとEMAを比べた場合、天井や底のシグナル発生のタイミングは、SMAに比べてEMAのほうが早く、かつ「平滑」という言葉からもわかるように、EMAはSMAに比べてラインの上下が滑らかです。

図表 5-2　SMA よりも EMA のほうが動きが早い

　これが EMA の重要なポイントです。

　まず、ラインの上下が滑らかであることは、だましの少なさにつながってきます。

　加えて、シグナル発生のタイミングが早ければ、それだけ収益確保のチャンスを増やしてくれます。これもチャートを見ればわかりますが、SMA は EMA に比べて、天井、底のシグナル発生のタイミングが遅いので、それだけ天井近辺では売るタイミングが、底近辺では買うタイミングが、それぞれ遅れ気味になります。シグナルの発生が遅れれば、当然ながらその分だけ、リターンは小さくならざるを得ません。

SECTION 5-3 単純移動平均線＝SMAの問題点

　たとえば5日移動平均（SMA）の値が1000円だとします。そして、日にちが1日進んで、新しい移動平均を計算するための新しい価格が1200円だったとしましょう。この場合、いちばん古い価格を除外して、いちばん新しい1200円を加えて計算するわけですが、このとき、5日移動平均の値は、1000円を上回るでしょうか。それとも下回るでしょうか。

　これまでの5日移動平均が1000円で、最新の価格が1200円であれば、感覚的には1000円を上回るのではないかと思うでしょう。ところが、実際はそうならないケースも多くあります。

　たとえば以下の流れで1000円だとしたらどうでしょう。

　　1日目……1400円
　　2日目…… 600円
　　3日目……1000円
　　4日目……1000円
　　5日目……1000円

これで5日移動平均の値は1000円になります。では、1日目の1400円を除外して、新たに5日目として1200円を加えるとどうなるでしょうか。

　1日目……　600円
　2日目……1000円
　3日目……1000円
　4日目……1000円
　5日目……1200円

新しい5日移動平均は960円です。
　では、5日移動平均が次のような並びだったらどうでしょうか。

　1日目……　600円
　2日目……1400円
　3日目……1000円
　4日目……1000円
　5日目……1000円

　この1日目を除外して、新たに1200円を加えて5日移動平均を計算すると、

　1日目……1400円
　2日目……1000円

3日目……1000円
4日目……1000円
5日目……1200円

となり、これで新5日移動平均は1120円になります。

つまり、SMAの場合、最新の移動平均の数値が上がるか下がるかは、最新の価格が移動平均よりも高いか低いかで決まるのではなく、計算から外される価格と、新たに加わる価格のどちらが高いかによって決まるのです。

これは相場に参加しているトレーダーが抱く感覚と少し異なります。普通は、何日も前にいくらだったかよりも、直近の相場の勢いというものが大切になるはずです。そして、そうした計算上の欠点が、移動平均線のだましの原因の一つとなっているとも考えられます。

たとえば、買いのシグナルであるゴールデンクロスが出現するにあたって、最新の価格が高いから移動平均線が上向いて、ゴールデンクロスするケースもありますが、最新の価格が安いのに、たまたま計算から外される価格が最新の価格よりも安いことから、移動平均線が上向き、ゴールデンクロスができてしまうケースがあります。しかも、外される価格が安ければ安いほど、上向きが強くなってしまうということです。この状態を見て、相場が強いと判断するのは、いかにも道理に合わないように思えます。

SMAには他の問題点もあります。

　たとえば、100日SMAと最新の価格を比較するとしましょう。

　相場においては、昨日の価格の値動きは、最新の価格に強く影響するわけですが、これが100日前の価格であれば、昨日の価格に比べて、最新の価格に対する影響力は格段に薄くなるはずです。

　そうであるにもかかわらず、SMAは単純に100日間の価格を平均するだけなので、100日前の価格も、昨日の価格も、同じウェートで最新の価格に影響してしまうのです。こうしたSMAにつきもの問題点を解消するために考えられたのが、EMAなのです。

SECTION 5-4 EMAはより直近の数字を重視した移動平均線

　5日EMAと5日SMAの計算式を比較してみましょう。これによって、EMAとSMAの違いがよくわかると思います。

　5日SMA＝（昨日までの4日間平均×4＋今日の価格）÷5
　5日EMA＝（昨日のEMA×（5－1）＋今日の価格×2）÷（5＋1）

　SMAの場合、今日の価格も含めて5日間の価格を合計し、それを5日で割って求められる単純平均です。
　一方、EMAでは今日の価格を2倍することによって比重を置いています（次ジ**図表5-3**）。「5＋1」で割っているのは、今日の価格を2倍にしているためです。また、初日の計算はSMAと同じで、2日目から上の式が使われます。
　こうした結果、移動平均の値に占める価格の比重は次ジ**図表5-4**のようになり、より直近の価格が占める比重が高くなっていきます。そのため、EMAはSMAに比べて値動きへの追従性がよくなり、天井、底打ちのシグナルが早めに出るとともに、描かれる線が滑らかになります。

図表 5-3 ｜ 日数が多くなるほど EMA の方がカンタン

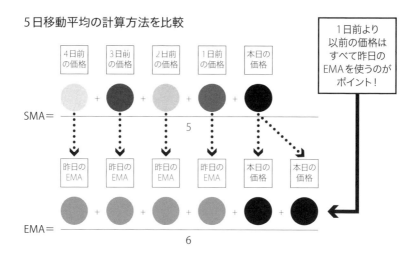

図表 5-4 ｜ SMA と EMA の価格の "重さ" の違いのイメージ

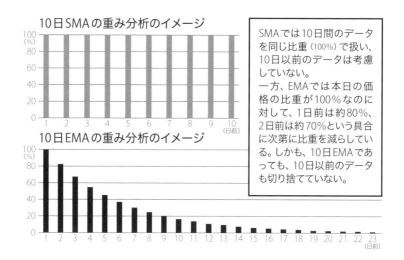

SECTION 5-5 MACD とシグナル

　MACDは本章の冒頭でも触れたとおり、12日EMAと26日EMAの位置関係そのものを表す線でした。

　こうしたMACDの動きをわかりやすくするために、「シグナル」というラインを追加するのが一般的になっています。シグナルとは、「MACDの9日EMA」のことです。

　なぜ、2本のEMAの乖離であるMACDを、さらにEMAで分析しなければならないのでしょうか。

　12日EMAから26日EMAを差し引いて求められるMACD線の特徴は、実際の価格（とその移動平均線）のトレンドに対して先行することです。したがって、MACD自体が上昇トレンドにあるのか、それとも下降トレンドにあるのかがわかれば、実際の価格のトレンド発生を明確に把握できます。

　そのためには、どうすればいいでしょうか。MACD自体の方向や、ピークアウトを明確にするには、MACDの移動平均線を使って、両者のゴールデンクロスやデッドクロスを示すようにすればよいのではないかと考えられます。試行錯誤した結果、その線はMACDの9日移動平均線（EMA）となりました。それがシグナルです（次ページ**図表5-5**）。

図表 5-5　シグナルで MACD のトレンドを見つける

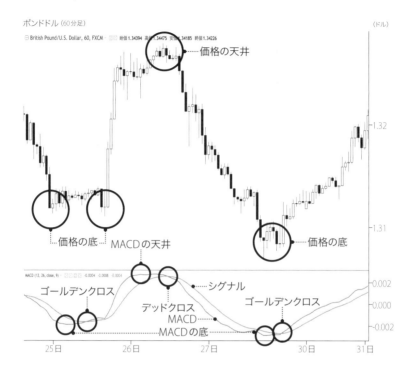

　シグナルと MACD の関係を整理すると、MACD と、その移動平均線であるシグナルがゴールデンクロスしたら、MACD が上昇に向かっているということですから、相場が上昇する方向を示唆していると考えられます。逆にデッドクロスが生じたときは、MACD が下降に向かっているということですから、相場が下降する方向を示唆していると考えられます。

SECTION 5-6 ヒストグラムを加えてトータルでのMACDが完成する

　MACDには実はもうひとつ、重要な要素＝「ヒストグラム」を入れるのが一般的です。ヒストグラムは、

　　ヒストグラム＝MACD－シグナル

という計算式で求められます。ここからわかるように、MACDとシグナルの間隔を示しています。
　もともとMACDは、12日EMAと26日EMAの乖離を見るためのもので、2つのEMAのゴールデンクロス、デッドクロスを見ることで、いち早く買い場、売り場を探るためのツールでした。
　そしてそのMACDが上昇しているのか下降しているのかをわかりやすくするものがシグナルでした。
　ヒストグラムは、MACDとシグナルの間隔を見るためのものですから、MACDの方向性をさらに先読みするのに役立つことがわかります。

　通常、ヒストグラムは棒グラフとして表されます。これも、

第5章　大循環MACDをマスターしよう　**135**

図表 5-6 ｜ ヒストグラムは MACD の動きを先読みする

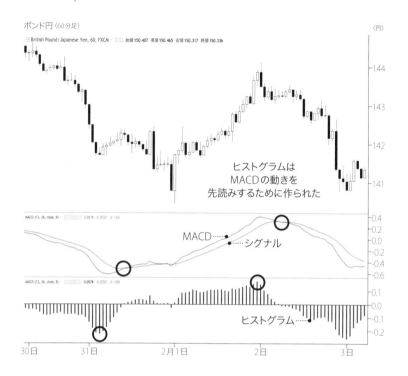

ゼロ値を中心にして上にプラス値、下にマイナス値で表示されます（**図表5-6**）。

　マイナス値がゼロ値に向かっていく局面はシグナルの下に位置していたMACDがシグナルに近づいていくところで、それがゼロ値になったところが、シグナルとMACDのゴールデンクロスになります。そして、プラス値が上昇していく局面は、MACDがシグナルを上回っている局面です。

　プラス値がゼロ値に向かっていく局面はシグナルの上に位

図表 5-7 | MACD は価格チャートの下部に表示されるのが一般的

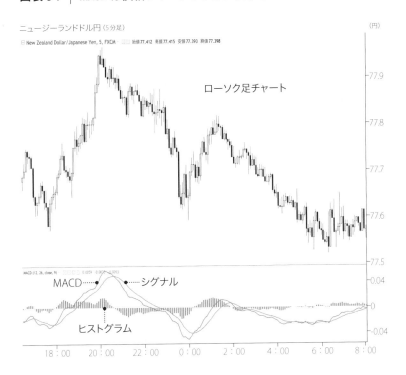

置していた MACD がシグナルに近づいていくところで、それがゼロ値になったところが、シグナルと MACD のデッドクロスになります。そして、マイナス値が下降していく局面は、MACD がシグナルを下回っている局面です。

このヒストグラムを加えることによって、トータルでの MACD は完成します（**図表5-7**）。

ここまでに解説してきたことをまとめると、

- 価格の動きを相場に参加しているトレーダーの感覚に沿って平準化し、トレンドをわかりやすくするために2本のEMAを使う
- その2本のEMAの位置関係や乖離具合を先読みするために役立つのがMACD
- MACDの方向性を明確にするために加えられたのがシグナル（MACDの9日EMA）
- シグナルの動きを先読みするために加えられたのがヒストグラム

ということになります。

　本来の目的は、あくまで相場における価格の動き（トレンドの現状）がどうなっているのかを読み取ることにあります。

　そうした動きを明確にするためのツールとして、ヒストグラムまで加えたトータルでのMACDを使うことが大切です。したがって、たとえばMACDとシグナル、あるいはヒストグラムだけで、売買の判断をするのは本末転倒です。

　あくまでも、相場の現状をよりわかりやすくするためのツールに過ぎないと考えておきましょう。

SECTION 5-7 大循環MACDは4つの要素で成り立っている

　さて、ここまでMACDについて詳しく解説してきましたが、これを第3章で解説した移動平均線大循環分析と組み合わせて相場の現状を判断する方法が「大循環MACD」にほかなりません。つまり、移動平均線大循環分析をさらに進化させた分析手法です。

　移動平均線大循環分析は、誰にでも売買タイミングがわかるように心がけた指標ですが、大循環MACDは中上級者向けの指標といえます。

　では、具体的に何が違うのでしょうか。移動平均線大循環分析は大きなトレンドを取りにいくためのツールであるのに対し、大循環MACDは、大きなトレンドはもちろんのこと、小さなトレンドも取りこぼすことなく取りにいくところに、その真骨頂があります。

　次の図表5-8は大循環MACDを表示した画面ですが、4つの要素で成り立っています。

　まず、移動平均線大循環分析です。これは第3章で詳しく解説したとおりです。ただし、3本の移動平均線はEMAを

図表 5-8 | 大循環 MACD

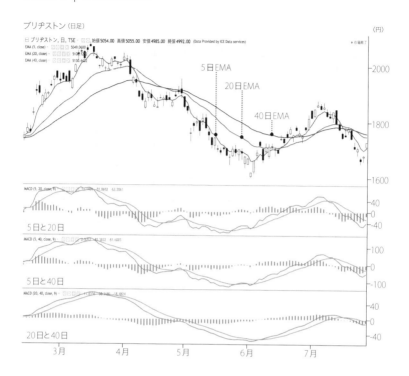

用います。パラメータは、移動平均線大循環分析と同様、5日、20日、40日を用います（日足以外のチャートであれば、5本、20本、40本になります）。

そして、3種類のMACDを用います。3つのMACDを重ねて表示しますので、便宜上、これらをMACD（上）、MACD（中）、MACD（下）ということにしましょう。これら3つのMACDのパラメータは、以下のようになります。

MACD（上）＝ 5・20・9
MACD（中）＝ 5・40・9
MACD（下）＝ 20・40・9

　パラメータの5、20、40は、それぞれ5（短期線）、20（中期線）、40（長期線）と考えます。また、9はシグナルを計算するためのパラメータです。

　この3つのMACDは何を示しているのでしょうか。
　もともとMACDは、異なる2つのパラメータを持つEMAの間隔を見るためのものです。したがって、たとえばMACD（上）の5と20は、5日EMAと20日EMAの間隔を見ています。
　では、なぜ上、中、下という3つのMACDを付ける必要があるのでしょうか。
　前述したように、MACDには2本のEMAのゴールデンクロスとデッドクロスを先読みできる性質があります。ゴールデンクロスにしてもデッドクロスにしても、2本の移動平均線の間隔が縮小していって生じるため、2本の移動平均線の間隔を見ることが先読みの判断材料になるのです。
　このMACDの特徴を活かし、「移動平均線大循環分析のステージの変化を先読みする」ために、3つのMACDがあると考えてください。

SECTION 5-8 移動平均線大循環分析と大循環MACDの関係

　ここではわかりやすくするために、トータルでのMACDではなく、シグナルとヒストグラムを除いたMACDのみを使って、大循環MACDと移動平均線大循環分析の関係を再確認してみましょう。

　図表5-9で大循環MACDと移動平均線大循環分析の関係を見てください。

　チャートは上から5日EMA（短期線）、20日EMA（中期線）、40日EMA（長期線）という並び順の第1ステージから始まっています。

　さて、最初に短期線と中期線がデッドクロスして、第2ステージとなりました。そのとき、MACD（上）がゼロラインを上から下へクロスしているのがわかります。ということは、MACD（上）の動きを見ていれば、第2ステージへの変化は先読みできるわけです。

　続いて、短期線と長期線がデッドクロスして、第3ステージとなりました。そのとき、MACD（中）がゼロラインを上から下へクロスしているのがわかります。ということは、MACD（中）の動きを見ていれば、第3ステージへの変化は

図表 5-9 大循環 MACD と移動平均線大循環分析の関係

先読みできるわけです。

　さらに、中期線と長期線がデッドクロスして、第4ステージとなりました。そのとき、MACD（下）がゼロラインを上から下へクロスしているのがわかります。ということは、MACD（下）の動きをみていれば、第4ステージへの変化は先読みできるわけです。

SECTION 5-9

大循環MACDで判断する「買い」のタイミング

　さて、ここからはもう少し詳しく、大循環MACDを使った売買タイミングのとり方について解説していきます。
　「本仕掛け」「早仕掛け」「試し玉」のそれぞれのタイミングは**図表5-10**のとおりです。

　本仕掛けの条件は以下のようになります（移動平均線大循環分析の第1ステージの上昇トレンドを狙う場合）

①第6ステージ
②3本のMACDが右肩上がり

　第6ステージというのは、短期のEMAが帯をわたった状態です。その際に3本のMACDが右肩上がりであれば、その先にある第1ステージへの移行もほぼ確実視できる段階にあります。そして、3本のMACDが右肩上がりになっているということは、その後の上昇トレンドもしばらく続くという判断が成り立ちます。

図表 5-10 ニチレイの日足チャート（2014 年 10 月〜 2015 年 3 月）

　次に早仕掛けです。本仕掛けよりも早い段階で仕掛けることにより、さらなる利益の最大化を狙います。ただし、早い段階から仕掛けることによって、だましにあうリスクもある点には留意してください。
　早仕掛けの条件は以下のようになります。

①第5ステージ
②3本のMACDが右肩上がり

これと本仕掛けの条件とを比較するとわかるのですが、本仕掛けと異なるのはステージのみです。

　また、大循環MACDでも、試し玉を行なうことができます。試し玉を打つ際の条件は、以下のようになります。

　①第4ステージ
　②3本のMACDが右肩上がり

　これもステージが異なる以外は、本仕掛けと同じ条件です。
　ただし第4ステージでの試し玉は帯に跳ね返されて再度下降となるだましの可能性が高いので、慎重に行なってください。ポイントはMACD（下）の明確な上昇を確認することです。また、試し玉ですから、通常より少ない数量で仕掛けることも忘れないようにしてください。

SECTION 5-10 大循環MACDで判断する「売り」のタイミング

売りについても見ていきましょう。

「本仕掛け」「早仕掛け」「試し玉」のそれぞれのタイミングは次の**図表5-11**のとおりです。

本仕掛けの条件は以下のようになります（移動平均線大循環分析の第4ステージの下降トレンドを狙う場合）

①第3ステージ
②3本のMACDが右肩下がり

第3ステージというのは、短期のEMAが帯をわたった状態です。その際に3本のMACDが右肩下がりであれば、その先にある第4ステージへの移行もほぼ確実視できる段階にあります。そして、3本のMACDが右肩下がりになっているということは、その後の下降トレンドもしばらく続くという判断が成り立ちます。

次に早仕掛けです。本仕掛けよりも早い段階で仕掛けるこ

図表5-11 │ 三菱重工業の日足チャート（2015年5月～10月）

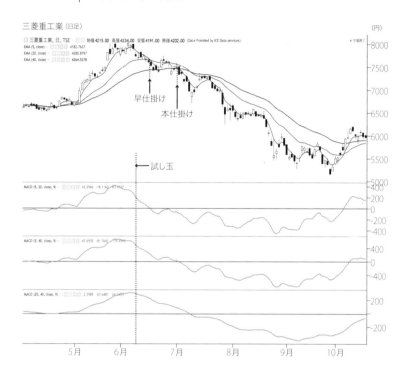

とにより、さらなる利益の最大化を狙います。ただし、早い段階から仕掛けることによって、だましにあうリスクもある点には留意してください。

早仕掛けの条件は以下のようになります。

①第2ステージ
②3本のMACDが右肩下がり

これと本仕掛けの条件とを比較するとわかるのですが、本仕掛けと異なるのはステージのみです。

　また、売りの場合でも、試し玉を行なうことができます。試し玉を打つ際の条件は、以下のようになります。

①第1ステージ
②3本のMACDが右肩下がり

　これもステージが異なる以外は、本仕掛けと同じ条件です。
　ただし第1ステージでの試し玉は帯に跳ね返されて再度上昇となるだましの可能性が高いので、慎重に行なってください。ポイントはMACD（下）の明確な下降を確認することです。また、試し玉ですから、通常より少ない数量で仕掛けることも忘れないようにしてください。

SECTION 5-11 手仕舞い（利食い、損切り）について

　トレードの基本は移動平均線大循環分析と同じで、第1ステージと第4ステージのトレンドを丸ごと取ることが目的です。ただ、ステージの変化を見てから手仕舞いの注文を出すのは遅すぎるために大循環MACDを使っているわけですから、手仕舞いについても、大循環MACDが教えてくれる「予兆」を活用します。

　手仕舞いは、ヒストグラムのピークアウトから下降（あるいは上昇）への転換で目安をつけます。そのタイミングで建玉の一部を早めに手仕舞いする戦術は否定しませんが、だましにあうこともしばしばあります。
　したがって、早めの手仕舞いを「検討する」くらいの気持ちでいいでしょう。実際に手仕舞いするのはMACDのピークアウトを確認してからで十分です。そのときは建玉の半分を手仕舞うイメージです。残りの半分をすべて手仕舞いするのはMACDとシグナルのクロスが発生したときです。

・手仕舞いの判断

①ヒストグラムのピークアウトを見て検討する
②MACDのピークアウトを確認したら、ポジションの半分を手仕舞いする
③MACDとシグナルのクロスが発生したら、残りのすべての建玉を手仕舞いする

一方、エントリーしたものの、だましにあってロスカットで手仕舞いするケースも当然、考えられます。

たとえば、サインを確認して買い建てたものの、ほんのわずかの後に価格が反転して前回の底値を下回ったということは、本当のボトムアウトではなかったことになります。逆に、売り建てたものの、ほんのわずかの後に価格が反転して前回の天井を上回ったということは、本当のピークアウトではなかったことになります。

そうした場合に損切りするラインは「直近の底（あるいは天井）」とします。

これまでも触れてきたように、1回1回の売買サインは絶対のものではありません。したがって、だましにあったならば、淡々と誤りを認め、トレードはそこで終了させ、次のサインに備えます。

この際、エントリーしたところから直近の底（あるいは天井）まである程度の値幅がある場合は、待つ必要はありません。自分で適当と思われる値幅を決めて、その価格をロスカットラインに設定します。

第6章

資金管理と
リスク管理

SECTION 6-1 破産しないポジションを持つことが大切

　ここまで、移動平均線大循環分析と大循環MACDを使ったトレードにおけるエッジ、すなわち売買タイミングのとり方について解説してきました。

　しかし、トレードにおいていちばん大切なことは、上手に売買のタイミングをとることではなく、破産しないことです。破産さえしなければ、いつでも再挑戦できますし、いつかは利益を上げるチャンスもくるでしょう。

　では、トレードにおける「破産」とは何でしょうか。もちろん、本当の意味でいえば、自分の財産を失い、自己破産申請をしなければならないほどの損失を被ることです。しかし、一般的には、トレードでの破産とは、投資資金の大半を失ってしまい、二度とマーケットに戻れなくなる状態を指しています。

　さて、そうならないようにするには、どうすればいいのでしょうか。

　何よりも大事なのは、トレードルールをつくることです。本書では仕掛けや手仕舞いのルールとして、移動平均線大循

環分析と大循環MACDを紹介しました。しかし、トレードルールというのは、仕掛けと手仕舞いの方法だけではありません。

　トレードルールのなかで最も大事なのは、資金管理です。トレードで破産しないための第一歩は、資金管理をきちんと行なうことです。

　仮に、手元に1000万円の資金があり、このうち5万円だけを証拠金に預けてFXのトレードをしたとしましょう。これだけ資金的に余裕のあるポジションの取り方をすれば、破産することはまずありません。

　しかし、1000万円の資金のうち、わずか5万円だけを証拠金に使って、10万円の利益が得られたとして、それが本当に正しいリスクのとり方といえるでしょうか。もちろん、これを成功したトレードといえるはずもありません。

　資金的に余裕がありすぎるポジションのとり方は、「最大限の資金効率を目指す」という意味で間違いです。

　逆に、1000万円の資金を証拠金として、25倍のレバレッジをかけて2億5000万円のポジションを持ったとしたら、どうなるでしょうか。それこそほんのわずかな価格の変動で、証拠金の大半が吹き飛び、まさに破産に追い込まれるおそれがあります。

　資金効率を最大限に追求すれば、それだけ破産するリスクは高まるものの、トレードが上手くいけば、莫大なリターン

を得ることができます。一方、できるだけ安全性を高めようとしたら、リターンは最小限のものに留まります。

　資金管理の要諦は、「破産しない程度のリスクをとりつつ、その範囲内でできるだけ高いリターンを追求する」ためにどうしたらいいか、というところにあります。

　では、具体的にどうすれば上手な資金管理ができるのでしょうか。

　次ページの「コラム」に書いたタートルズのトレード手法を長年研究してきた私は、その手法を現代のマーケットでも通用するようにアレンジしたやり方を用いて、資金管理を行なっています。

　そのタートルズの資金管理は、以下の手順を踏んでいます。

①取引しようと思う銘柄の値動きを把握する
②自分の投資用資金をしっかりと把握する
③それをもとに、その銘柄の1回の取引量を決定する

　こうして弾き出した「ある銘柄の1回あたりの適切な取引量」を、タートルズは「ユニット」と称しているのですが、次項以下ではそれらについて詳しく解説していきます。

COLUMN
タートルズについて

　私が投資の世界に足を踏み入れたころ、業界は「相場師の時代から、トレーダーの時代へ」と変化しつつあり、「タートルズの大実験」が注目を集めました。

　大豆相場で巨万の富をつかんだ米国の超大物トレーダー、リチャード・デニスが、その盟友であるウィリアム・エックハートとある賭けをしました。

　それは「優秀なトレーダーは生まれつきの才能なのか、それとも教育で育てることができるのか」というものでした。デニスは育てられる、エックハートは育てられないという立場でした。

　その結論を出すために、2人は新聞広告を出し、32人の若者たちを集めました。

　その若者たちに、デニスがたった2週間だけトレードの心得や具体的な仕掛けや手仕舞い、資金管理の手法を教え、その後1か月の予備トレードを経て選抜した数名に52万ドルから200万ドルの資金を与え、実際の相場でトレードをさせたのです。

　これが「タートルズ」でした。

　世界中の注目を集めたこの実験は5年後に終了し、タートルズは計1億7500万ドルの収益を上げたのです。つまり優秀なトレーダーは教えることによって育てられたのです。

SECTION 6-2 ユニットの考え方

　タートルズは、1回あたりのトレードでとることのできるリスク量を、具体的に明示しています。それは、「1回あたりのトレードで許容できる損失の最大上限は、投資用資金の1％」というルールです。

　たとえば、投資できる資金が1000万円だとしたら、1回あたりの損失の最大上限、つまりリスク許容度は1000万円の1％である10万円までの損失が許容されることになります。

　ここから逆算し、自分がトレードの対象とする銘柄について、「1トレードあたりの最大損失額が10万円になるようなポジションの総量がいくらになるのか」を計算します。この総量がユニットという概念になります。

　ユニットを計算するためには、投資に回すことのできる自己資金額と、ATRという数字が必要です。

　ATRとは、「Average True range」の略称ですから、「何日間かを平均してみた、1日あたりの最大の値動き」と考えておけばいいでしょう。その求め方は以下の計算式によります。

　まず、以下のA～Cを計算します。ここで求めようとし

図表 6-1 | 前日と当日で「最も大きな値動き」を計算する

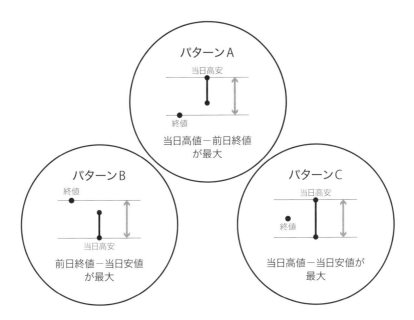

ているのは、1日あたりの最大の値動きです（**図表6-1**）。言い換えれば、前日の終値から当日の終値に至る値幅で、最大になるものはどれかです。その数字は、

　A＝当日高値－前日終値
　B＝前日終値－当日安値
　C＝当日高値－当日安値

で求められたA、B、Cの数字のうち、最大の数字となります。それがその日の最大リスク、つまりTRと考えます。

次はこの平均値を出します。通常は、20日間（約1か月）の平均値を求めて、ATRとします。

この数字を用いて、ユニットは、以下の方法で計算します。

①投資用資金の1％を計算する……A
②その銘柄を最小単位で取引した際の1トレードあたりのリスクを計算する……B
③ユニット＝A÷B

実際の数字を当てはめてみましょう。取引対象はドル円で、前提として必要となる数字は、以下のものとします。

・投資用資金＝1000万円
・ATR＝90銭 (0.9円)
・トレードの最小単位＝1万通貨

ここからまず、投資用資金の1％を計算します。

1000万円×1％＝10万円

次に、1トレードあたりのリスクを計算します。計算式は、

取引単位×ATR

となりますから、この場合は、

　1万通貨× 0.9 ＝ 9000 円

となります。これらを元に「1回のトレードで損失を被る可能性を 10 万円以内に抑えられるだけのポジション量」を求めると、

　1ユニット＝ 10 万円÷ 9000 円＝ 11.11……

となり、11 万通貨単位を1回当たりのポジション量（＝1ユニット）としても大丈夫だとわかります。つまりドル円だとすると、11 万ドルが1ユニットです。

　ユーロ円、英ポンド円など、別の通貨ペアの場合は、それぞれの通貨によって ATR が異なりますから、1ユニットとなるポジション量は変わってくることになります。

　この方法を使えば、よほどイレギュラーの値動きをしない限り、1回のトレードで負っているリスクを、過去1か月間の平均値に抑えることができます。

SECTION 6-3 リスク分散の方法

　実はタートルズはこうしたユニット計算をベースにしたトレードをしていたものの、結果的に10ユニットのリスクをとる場面もありました。1ユニットあたりの最大リスクが1％だとするならば、10ユニットですから10％のリスクをとることになります。

　それを「リスクが高い」と感じるか、「大したリスクではない」と感じるかは、人によってそれぞれだと思うのですが、資金管理では、1回あたりのトレードで適正な取引量を決めること、つまりユニット単位の考え方を取り入れるとともに、「適正な合計取引量を確定させる」ことも考える必要があります。

　もちろん、1ユニットの取引をして、その後何もしないという人もいるとは思いますが、やはり最初にポジションをとった後、新たなチャンスが到来したら、さらにポジションを増やそうと考えるでしょう。

　ユニットによる資金管理は、それを否定するものではありません。ただ、最適な取引量を可視化し、それを把握していることは大切です。

具体的に、銘柄を分散させた場合に適正と考えられる最大の取引量は、以下のようになります。

　①同一銘柄は4ユニットまで
　②相関関係が高い銘柄は6ユニットまで
　③相関関係が低い銘柄は10ユニットまで
　④買いと売りを合わせて12ユニットまで

　①から④について、それぞれ簡単に解説しておきます。

①同一銘柄は4ユニットまで
　たとえば米ドル円で1ユニットを買い建てたとします。その後、チャンス到来となれば、誰もがポジションを増やそうと考えるでしょう。もちろん、それはいいのですが、タートルズでは、同一銘柄でポジションを増やす場合は、4ユニットまでと決めています。
　なぜなら、自分がどれだけ確実だと思っても、相場は逆の方向に進むことがあるからです。その不確実性がある限り、同一銘柄でポジションを持つ場合は、一定以上に量を増やさないように、ルールを設けて抑える必要があります。

②相関関係が高い銘柄は6ユニットまで
　相関関係が高いというのは、複数の異なる銘柄の値動きが、ほぼ同じ方向に進むという意味です。つまり、相関関係の高い銘柄だと、複数持っていても、分散効果（トータルでリスクを

抑える効果）は期待できません。したがって、豪ドル円、NZドル円のように、相関関係の高い銘柄で、たとえば豪ドル円を4ユニットまで持っていたら、NZドル円は2ユニットまでしか持てません。

③相関関係が低い銘柄は10ユニットまで

相関関係が低いというのは、複数の異なる銘柄の値動きが、バラバラであるという意味です。たとえばAが上がればBが下がるといった具合ですから、複数持っていると、分散効果が期待できます。したがって、この場合はユニット数を増やして投資しても、トータルのリスクを抑えることができると考えられます。

④買いと売りを合わせて12ユニットまで

たとえば株式投資をする場合、銘柄が異なっていたとしても、買いポジションと売りポジションは、通常はある程度リスクヘッジできる関係にあります。したがって、ユニット数を増やして投資しても、トータルのリスクを抑えることができると考えられます。

SECTION 6-4 ロスカットをどうするか（その1）

　リスク管理の要諦は、ロスカットにあります。
　ロスカットとは、相場が自分の思惑と逆の方向に動いたときに、事前に決めておいた最大損失額を超えて損失が膨らまないように、一定の水準に達したところで損切りすることです。
　なぜ、ロスカットラインが必要なのでしょうか。
　それは、損失を被っているときの、人間の心理的な弱点をカバーすることにあります。
　トレード経験のある人は実感していると思うのですが、含み損を抱えていると、「このまま持ち続けていれば、いつか元に戻って損失が回復するのではないか」という、根拠のない期待感を抱きがちです。根拠も何もないのに、ただ、損をするのが嫌なものだから、「いつか戻るはず」と思い込んでしまうのです。
　通常は、元の水準に戻るどころか、さらに意図しない方向に相場が動いて、損失がさらに膨らんでしまうことが多くなります。
　要するに、「損切りを自分の意志で行なうことはむずかし

い」のです。そこで、あらかじめ「こうなったら損切りする」と決めておき、その条件がそろったら機械的に損切りする必要があるのです。だからこそ、ロスカットラインの設定が、リスク管理のうえでは重要なのです。

　では、具体的なロスカットラインはどう決めたらいいのでしょうか。
　いちばんの問題はどの水準にロスカットラインを入れるのか、ということです。
　ロスカットラインを設定するときの基本的な考え方は、2つあります。
　第一に、一時的に下がったとしてもトレンドが継続しているならロスカットせずに我慢する。
　第二は、トレンドが終了したならいち早く決済する。
　ただ、言うのは簡単ですが、以上の2点は、まったく逆のことを言っているからむずかしいのです。
　「一時的に下がったとしてもトレンドが継続しているならロスカットせずに我慢する」としたら、ロスカットラインはできるだけ深いところに置く必要があります。
　一方で、「トレンドが終了したならいち早く決済する」は、それまでの収益を減らすことなく、決済する必要があるということですから、ロスカットラインはできるだけ浅いところに置く必要があります。
　要するに、「これから先もトレンドが続くのか、それともトレンドが転換したのかを判断するのはココだ」というポイ

図表 6-2 | トレンドが転換したならいち早くロスカットするのが鉄則

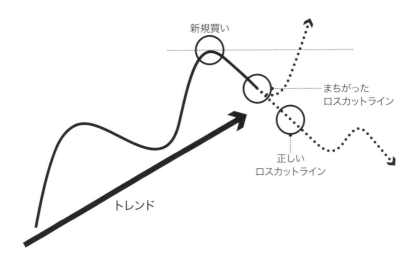

ントにロスカットラインを置くのが正しいということになります（**図表6-2**）。

SECTION 6-5 ロスカットをどうするか（その2）

　トレンドが続くのか、それともトレンドが終わったのかを見極めるためには、トレンドとノイズの関係をしっかり把握しておく必要があります。

　トレンドは、価格が上昇もしくは下降という方向性を明確に示しています。

　ただ、実際に相場を見ればわかるように、価格はトレンドに沿いながらも、常に上下を繰り返していますから、単純ではありません（**図表6-3**）。

　なぜなら、上昇トレンドの最中でも売りたいと考える投資家もいれば、さらに高い価格で買いたいと考える投資家もいるからです。

　さまざまな投資家の思惑があるから価格が常に上下を繰り返すわけですが、こうした思惑によってトレンドを描いている最中で生じる価格のブレを、ノイズといいます。

　ポイントは、このノイズの値動きの幅です。あくまでもトレンドが続いているなかでのノイズであれば、値動きの幅は一定内に収まります。この範囲内の値動きであれば、たとえ

図表 6-3 │ 相場は波動であるため、必ずノイズを伴って推移する

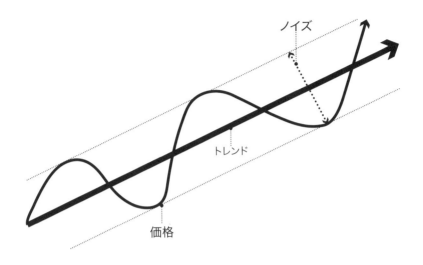

　自分が持っているポジションと逆に価格が動いたとしても、我慢して持ち続ける必要があります。なぜなら、まだトレンドが続いていると考えられるわけですから、保有していれば、いずれトレンドに沿った方向に値動きが戻ってくる可能性のほうが高いからです。

　ところが、このノイズの範囲を超えて、価格が逆方向に動いたときは、トレンドが転換した可能性があります。このような場合は、自分が考えていたのとは異なるトレンドに入ったことを意味しますから、素直に負けを認めて、ロスカットをするべきです。

　では、ノイズかどうかの境界線の目安はどう考えたらいい

のでしょうか。

　タートルズでは、ロスカットについて「各銘柄のノイズは2ATR以下である」と結論づけています。どのような相場局面においても、1日の最大値幅であるATRの倍も動けば、それはもはやノイズではなく、完全なトレンド転換であるという認識です。

　ノイズかどうかの境界線の目安は2ATRだとするのであれば、その幅を超える値動きがあった場合には、ロスカットをすべきとなります。

　前項での方法と、本項での方法には、重ならない部分も出てきます。どちらの考え方を優先するかについては、銘柄それぞれの値動きのクセや、日足などをベースとした長期トレード（基本的には前項の方法）なのか、デイトレードのような短期トレード（基本的には本項の方法）なのかも加味して決めるべきだといえます。

HOW TO MAKE MONEY WITH MOVING AVERAGE LINE

第7章

小次郎講師のトレード練習
「プラクティス」

SECTION 7-1 トレードには正しい上達の手順がある

　投資の練習というと、一般的にはバーチャルトレードというものがあります。これは、実際にいま現在動いている相場を見ながら、お金を入れたつもりで「ここで買う」「ここで売る」「いくら儲かった」「いくら損した」ということをするものです。しかし、このバーチャルトレードには大きな欠点があります。それは、今日、明日、明後日と時間が経過しないと結果が出てこないことです。

　それに対して、プラクティスというのは過去のチャートで練習を行ないます。過去の価格をもとにしているので、今日1日のなかで1年分の練習をしようとか、2年分の練習をしようとか、そういうことができます。

　投資に限らず、スポーツなどでも共通することですが、上達するためには練習が欠かせません。本書をお読みのあなたが、安定的な勝ち組の投資家になりたいと思ったときに、どのようなステップを踏めば上達していくのか？　これをまとめたものが**図表7-1**です。

　まず、きちんとした理論を「学ぶこと」が必要です。本書は、お読みのあなたに、必要な知識をしっかりとお教えしよ

図表7-1 | トレードを上達させる手順

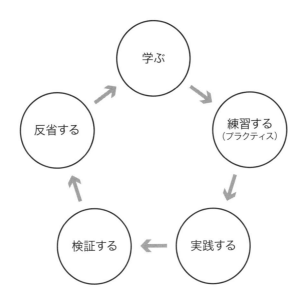

うというのが目的です。しかし、本書のすべてを学べば、明日からすぐに勝ち組の投資家になれるかといったら、そうではありません。

　学んだあとには「練習すること」が必要です。テニスでも、ゴルフでも、頭でわかっていても実際にそのとおりに動くことができるかどうかは別なのです。そのための練習を私は「プラクティス」と呼んでいます。

　プラクティスが上手くいくようになったら、次に少額でもいいので「実践すること」、すなわち実際の投資を始めることが必要です。

そして、実際に投資をしたあとで、自分の投資結果がどうだったかを「検証すること」が必要です。「利益確定は上手くいったか」「損切りは上手くいったか」――こういうことを検証すると、当然、課題が出てきます。
　そこで「反省すること」が必要です。そのときには、本書を読み直してみてください。本書のなかには投資に必要なエッセンスが詰められていますので、必ず新たな発見があります。そうして、学び直すのです。
　学ぶ、練習する、実践する、検証する、反省する、また学ぶ……、それを続けて、本書を最低でも3回は読んでいただきたいと思います。最初の1回は「こういう話なんだな」ということがわかり、2回目では「ここがポイントなんだな」ということがわかり、3回目では、細部に至るまで、私の伝えたいことを全部理解していただけます。もちろん、4回、5回とお読みいただくと、より一層、理解することができます。

SECTION 7-2 プラクティスを実際に行なってみよう

　プラクティスをするためにまず必要なものは過去のチャートです。証券会社等から提供されているチャートシステムのなかで、できるだけ過去にさかのぼれるものを用意します。1年前までしかさかのぼれないようなチャートシステムだと、あっという間に練習が終わり、もうやることがないという話になってしまいます。5年、10年、あるいは、もっとさかのぼれるようなチャートシステムであればいいでしょう。

　次の条件は、1本ずつ進めていけることです。過去に戻って、その過去の時点からローソク足を1本ずつ進めていけるチャートシステムです。これは、ほとんどの証券会社にそのような仕組みがあると思います。わからない場合は、あなたが契約している証券会社に確認してみるといいでしょう。

　推奨できるものとして、私の移動平均線大循環分析や大循環MACDがインジケーターとして搭載されている「TradingView」（https://jp.tradingview.com/）というインターネット上の無料のチャートシステムがあります。また、マネックス社のトレードステーションというチャートシステムにも、私のインジケーターが標準搭載されています。

プラクティスを実践するときには、とくに次のことに注意するといいでしょう。

・知らない過去にさかのぼる
・チャートのいちばん右側を頼りに判断する

　プラクティスをする前から値動きを知っていると、「ここで売ればいい」「ここで買えばいい」ということがわかってしまいます。そうならないように、まったく知らない過去にさかのぼってください。
　また、チャートというのはいちばん右側が大事です。左を見ても、過去のことしかわかりません。チャートのいちばん右側を頼りにして、これから先「買ったら良いのか」「売ったら良いのか」「そのまま何もしないのか」を分析します。
　当たり前のことですが、チャートで将来のことがすべて見通せるなんてことは、あり得ません。また、残念ながら、チャートを見ても将来のことはわからないという時期が多いものです。しかし、本書では、いろいろなエッジを解説しました。エッジとは、買方・売方が有利になった局面ですから、その流れが継続する可能性が高いわけです。このエッジを頼りに、当たり外れのなかで利益を上げていくということが、投資において非常に大切なことです。

SECTION 7-3 プラクティスを行なうときに注意すべきポイント

　さて、これも当然のことですが、練習といっても「何も考えずにただやればいい」というものではありません。「目的を持ち、ポイントを抑えた練習」が効果的なことは、容易に想像がつくと思います。
　プラクティスを行なうときには、次のようなことを意識してください。

・もみ合い相場とトレンド相場を見抜く
・トレンド発生の印を見つける
・トレンド終了の印を見つける

　投資でいちばん大切なことは、もみ合い相場とトレンド相場を見抜くということですから、プラクティスでも同様にここにいちばん注力します。
　もみ合い相場とは横ばいの状態です。横ばいに推移するということは、買方と売方の力関係が拮抗しているということです。あるとき、ちょっと買方が頑張ったら、次は売方が頑張る。こういうことを繰り返して、もみ合い相場になります。

そこからバランスが崩れて、買方が有利になると上昇トレンドができ、売方が有利になると下降トレンドができます。

　投資において上手くいかないときというのは、もみ合い相場で売ったり買ったりをしているケースが大変多いのです。そうすると、「買ったら下がる」「売ったら上がる」ということになって失敗します。したがって、もみ合い相場ではエントリーを減らすことが非常に大切です。

　次のポイントは、もみ合いを放れるとき、つまり、トレンド発生の印を見つけることです。そして、その印を見つけたら、トレンドに乗っていきます。トレンドがある限り、上昇トレンドなら買いポジション、下降トレンドなら売りポジションを、そのまま持ち続けます。

　そして、トレンドは、いつか必ず終わります。最後のポイントは、トレンド終了の印をチャートのなかから発見することです。もみ合い相場とトレンド相場を見抜く、トレンドの発生と終了の印を見つける。実際の投資と同様に、ここに注力することがプラクティスのポイントであり、投資で安定的に勝ち続けるために必要なことです。

SECTION 7-4 「プラクティス1000本ノック」の進め方の実例

　では、何回くらいプラクティスを行なうと、もみ合い相場とトレンド相場を見分けられるようになり、トレンド発生の印を見つけられるようになり、トレンド終了の印を見つけられるようになるのでしょうか。

　目安は、1年分のチャートを1000回です。1年分のチャートを練習することを1本として、私はこれを「1000本ノック」と呼んでいます。1年分のチャートを動かしていって「ここでトレンドが出た」「ここで買おう」「ここで売ろう」ということを1000本行ないますので、1000年分のプラクティスをすることになります。

　1000年分というと、「私、生きていません」とよく言われるのですが、実際にかかる時間はプラクティス1年分で20分くらいです。やろうと思ったら、1日であっという間に5年や10年分はできます。そういう意味では、1000本やるといっても、そんなに長くかかるわけではありません。早ければ1年、長くとも2、3年で達成できます。

　もちろん、そこまでいかないと安定的な勝ち組投資家になれませんよということではありません。そのくらいやると、

誰でもこういうものが感覚的にわかるようになるということです。そうすると、当たり外れのなかで最終的に勝てる投資家になれるということなのです。

ここではプラクティスの進め方の例題として積水ハウスのチャートを見ながら、解説していきます。

図表7-2は2010年3月から10月までの日足チャートです。

この例題では、書籍でプラクティスを解説する都合上、チャート全体が見えてしまっています。実際にみなさんがプラクティスを行なうときは、2010年の3月（例題のスタート）がいちばん右側にくるようにし、その先がわからない状態で行ないます。

さて、ほとんどの投資家は毎日迷っています。毎日、「明

図表7-2 │ **積水ハウスの日足チャート**（2010年2〜10月）

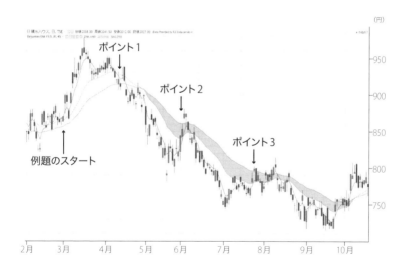

日になると暴騰するんじゃないか」「明日になると暴落するんじゃないか」といった不安があり、その不安心理が高まることにより、「ここらあたりでやめちゃおう！」という具合に、感覚で投資判断を行なってしまいます。しかし、それでは良い結果につながりません。ポイントは、チャートのなかで印をもって判断することです。

　これを徹底すれば、この半年間（図表7-2）のなかでポイントになるところ、つまり迷う場面はほんの少ししかないのです。以下ではそのポイントについて解説していきます。

　まず、1つ目のポイントは、上昇トレンドから下降トレンドに切り替わる場面です（**図表7-3**）。

　当初、第1ステージだったものが、②で第2ステージにな

図表7-3　│　上昇トレンドから下降トレンドに変わる場面

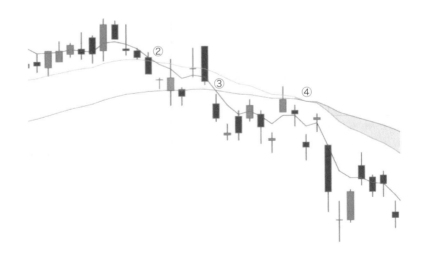

り、③で第3ステージになりました。「もうそろそろ下降トレンドになるのでは」と準備をするのが第3ステージです。

そして、中期移動平均線と長期移動平均線がねじれて、④で第4ステージになります。ちょうど帯の色が変わるところです。下から短期・中期・長期という並び順で、3本が右肩下がりですので、ここが基本のエントリーポイント、売る印です。

ここでエントリーをすると、第4ステージが続くあいだ、まったく迷う必要がありません。途中、少しの上昇を見せる場面もありますが、とにかく持ち続けます。

図表7-4は、2つ目のポイントです。

売りでエントリーをして、④のように順調に価格が下がっていきます。すると、どこかで価格が帯に入るような上昇が出てきます。エントリーをした後、ここが初めて迷ってもいいところです。

下降帯がずっと続いているところに、価格が帯に突入します。ここで、注意が必要だなと身構えます。そうしていると短期移動平均線が帯に突入し、⑤で第5ステージになります。迷ってもいい場面ですが、総合的に判断すると、まだ耐える場面です。「まだ耐える場面」と持ち続けているうちに、短期移動平均線が帯を下抜けて④'で第4ステージに戻り、下降トレンドが継続していきました。これは、「④⑤④の戻り売り」という、典型的な戻り売りの形です。

こうして第4ステージに戻り、このステージが継続するあいだは、まったく迷う必要がありません。「必要がない」と

図表7-4 下降トレンドが変化するのか否か？①

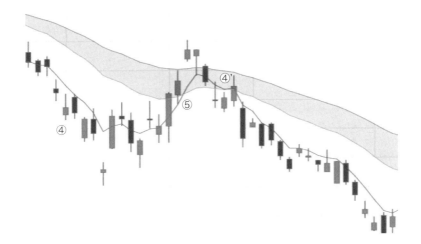

いうよりはむしろ、第1ステージや第4ステージで安定したトレンドがある場面で迷っては「いけない」といったほうがいいかもしれません。

次に悩んでも良いのは次の**図表7-5**の場面で、これが図表7-2のチャートのなかで3つ目のポイントです。

いままで、④のように第4ステージで下がっていましたが、価格が帯に近づいていきます。帯に近づいているあいだは耐えますが、短期移動平均線が帯に突入して、⑤で第5ステージになります。2つ目のポイントと同様に、ここではまだ耐えます。すると、④'で第4ステージに戻りました。「④⑤④の戻り売り」のパターンです。ここから下がっていくことを期待して、引き続き耐えます。しかし、⑤'で再度、第5ステ

図表7-5 　下降トレンドが変化するのか否か？②

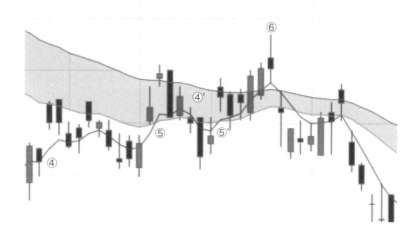

ージに突入してしまいました。こうなると耐えるべき場面ではないので決済します。第5ステージになったことを確認したところで決済です。

　その後、⑥で第6ステージまでいきました。つまり、ここからさらに上昇して、中期が長期を上抜けると、第1ステージとなって上昇トレンド入りです。しかし、実際にはここからまた下がっていきました。

　結局、上昇トレンド入りではなかったわけですが、それはあくまでも結果論です。したがって、④⑤④'⑤'と推移した時点で決済するのが基本的な印になります。

　このように、「トレンドがあるところ」で基本に沿ったト

レードを行なっていくことが大切であり、それほどむずかしく考える必要はないのです。もちろん、どんなにこの手法を使っても、トレンドがあっという間に終わってしまい、利益が取れないというケースもあります。しかし、大きなトレンドは必ずあります。第1ステージでどんどん上がっていき、第4ステージでどんどん下がっていく場面が必ずあります。そこを取れば、トータルでプラスになるのです。

　この例題では移動平均線大循環分析を使いましたが、本書で解説した大循環MACDを合わせて使うと、さらに上級のトレードテクニックになり、ワンテンポ早く仕掛けることができます。

　本書を脇に置いて確認しながら、ぜひ、プラクティス1000本ノックを頑張ってください。1000本ノックを終えるころ、あなたは、安定的な勝ち組の投資家への仲間入りを果たしているはずです。

小次郎講師（こじろうこうし）
本名・手塚宏二　1954年生まれ。早稲田大学政経学部中退。金融会社からIT会社へ転身し、チャートソフトの開発や投資家教育に取り組む。2015年に独立。タートルズのトレード手法をベースとした小次郎講師流の手法で、これまでに教えた2000人を超える門下生からは専業トレーダーも多数輩出。ラジオNIKKEI「小次郎講師のトレードラジオ講座」にレギュラー出演するほか、「マーケット・トレンド」「夜トレ！」「キラメキの発想」などでも活躍中。著書に『真・トレーダーズバイブル』（パンローリング）、『稼げるチャート分析の授業』（総合法令出版）、『ZAiが作った「商品先物取引」入門』（ダイヤモンド社）などがある。

移動平均線　究極の読み方・使い方

2018年1月20日　初版発行
2018年4月1日　第4刷発行

著　者　小次郎講師　©Kojirokoushi 2018
発行者　吉田啓二
発行所　株式会社日本実業出版社
　　　　東京都新宿区谷本村町3-29　〒162-0845
　　　　大阪市北区西天満6-8-1　〒530-0047
　　　　編集部　☎03-3268-5651
　　　　営業部　☎03-3268-5161
　　　　振替　00170-1-25349
　　　　http://www.njg.co.jp/

印刷／壮光舎　製本／若林製本

この本の内容についてのお問合せは、書面かFAX（03-3268-0832）にてお願い致します。
落丁・乱丁本は、送料小社負担にて、お取り替え致します。

ISBN 978-4-534-05555-2　Printed in JAPAN

日本実業出版社の本 投資・経済関連書籍

定価変更の場合はご了承ください。

伊藤智洋 著
定価 本体1500円（税別）

テクニカル分析の第一人者が長年の研究によってローソク足のパターンの弱点を克服し、相場で儲けるために必要十分なものだけを選び、読み方から具体的な仕掛け方まで明らかにした究極の解説書。

土屋敦子 著
定価 本体1600円（税別）

外資系証券の日本株運用責任者などを歴任し、現在は自らの運用会社を通じてヘッジファンド戦略による運用を行なう現役ファンドマネジャーが、株式相場のしくみやプロの投資ノウハウを解説！

田渕直也 著
定価 本体2400円（税別）

ランダムウォーク理論、行動ファイナンス理論など投資家を魅了し続ける「市場理論」（＝錬金術）について、豊富な図解を用いて網羅的に解説する他に類をみない初めての実務書。

杉村富生 著
定価 本体1400円（税別）

株の基本から投資法、古より伝わる格言まで、豊富な図解とわかりやすい解説によって網羅した入門書のスタンダード。すべての株式投資家と、ビジネスで株式にかかわる実務家の座右の書。